勝ち続ける技術

剣道教士八段
宮崎正裕

サンマーク出版

まえがき

■初段に四回落ちても前人未到の六度の日本一を達成

剣道日本一を決める全日本剣道選手権で優勝を六回。これは私が現役時代にあげた戦績である。

このような実績はどのようにしたらあげられるのかと聞かれるときもある。しかし、剣道の神様が微笑《ほほえ》んでくれたとしか私には言いようがない。

現在は後進の指導を中心に剣道に励んでいる。神奈川県警の剣道部監督もさせていただいたが、これまでに四人の剣道日本一と三人の剣道世界一を育てることができた。

しかし、剣道を始めた小学生のころを振り返るとこのような成績を私があげることを誰が予想しただろうか、実は自分でも想像していなかった。

小学生時代はいつもやめたいと考えていたし、中学もけっして剣道に恵まれた環境ではなかった。中学生になると初段への挑戦が許されるのだが、私はこの初段に四回落ち続け、五回目でやっと合格した。初段の不合格回数も全日本剣道選手権に出場している選手の中でトップクラスであることは間違いない。

そんな私に本の執筆依頼をいただいた。タイトルは『勝ち続ける技術』。私の全日本優勝六回という戦績からこのような依頼をいただいたのだろうが、実際はこの戦績は今まで述べたように初段の不合格のように見えない「負け」に基づいている。だから私のような人間がこのようなタイトルで本を書いてよいのかと迷いもした。しかし、剣道のことを一般のみなさんにもっと知っていただきたいという気持ちと、私のお伝えすることが何かしらみなさんのお役に立てればという思いからお引き受けすることにした。

■剣道界のジンクスを破った二回の全日本連覇

私は平成二年（一九九〇年）、二十七歳のときに全日本剣道選手権大会に初出場し、初優勝した。大きな大会での優勝は、これが初めてだった。しかし、前述したように翌年も優勝することができ、「全日本剣道選手権に連覇なし」というジンクスを破った。

そして、初出場以降、十二年連続で全日本の舞台を踏み、二度の連覇を含めて六回優勝。平成八年からは、五年連続で決勝進出を果たすことができた。

また、三年ごとに開催される世界剣道選手権大会には四回出場。日本が開催国となった

第十回大会（昭和五十二年／一九九七年）では個人戦でも優勝した。

一方、全日本剣道選手権と同じかそれ以上に勝つのが難しいといわれる全国警察剣道選手権大会（個人戦）でも、昭和六十年から出場し、こちらも全日本同様、六回優勝することができた（平成七～九年は三連覇）。

こう見てくると、私は小さいころから剣道一筋に打ち込み、順風満帆《まんぱん》に道を歩んできたように思われるかもしれない。しかし、けっしてそんなことはない。むしろ、逆である。何度もくじけそうになった。途中で剣道をやめようと思ったことも、一度や二度ではない。

私が剣道を始めたのは、小学校に入って間もないころ、地元の玄武館坂上道場に両親に連れていかれたときからである。どうやら親のほうが、私に剣道をやらせたかったようなのだ。

当時、道場には百人ぐらいの子どもたちが通っていた。その中で格別に上達が早いわけでも、腕がすぐれているわけでもなく、総じて小学校から中学校時代にかけての私は、目立つような存在ではなかった。

それどころか、幾度か苦い経験を味わっている。前述したように、その最たるものが、初段をとるための審査だった。

中学一年のとき、私は最初の初段審査試験を受けた。審査は年三回あって、すでに初段を取得している同級生もいた。

ところが、私は自信があったにもかかわらず、初めての審査試験に見事に失敗。二回目、三回目もダメで、結局、中学二年になって五回目のときに、やっと合格したのである。

■とにかく勝つことにこだわった

私が勝負に勝つことの味を少しずつ覚え、力もついてきたと実感できるようになったのは、高校（東海大相模）に進学してからである。

この高校の剣道部は、県内でも屈指の実力をもっていて、インターハイ出場をかけて覇権を競う常連の学校の一つだった。強い先輩たちがわれわれ新入生を待ち構えていたし、それぞれ実績をもった同年代の選手たちが、全国から集まってきていたのである。

実績も何もない私は、末席から彼らの練習ぶりを見守りながら、とにかく強くなってレギュラー選手になることだけを考え、稽古《けいこ》に励んだ。

そのために私がまず実行したのは、見取り稽古である。選手一人ひとりのクセや得意技、攻め方などをつかむことだった。つまり、彼らの勝負パターンやウイークポイントを知ることで、どこを、どういうタイミングで攻めたり、守ったりすれば勝てるか、作戦を立てることにしたのである。

■徹底的に情報収集し研究する

見取り稽古で得た選手全員の情報や知識は、大学ノートにすべてメモをした。とっさによい考えや作戦を思いついたときは、身近にある教科書や、手のひらなどに書き込んだこともある。そうした研究を繰り返しながら、私は着実に力をつけていった。

相手に関する情報収集と分析・研究は非常に大事で、神奈川県警に入ってからも飽くことなく続けた。というか、続けざるをえなかった。

なぜかというと、県警で特練員（術科特別訓練員＝警察の剣道部員）として剣道をやるというのは、プロの一人になることだからだ。県警チームの特練員は二十人しか枠がなく、そのうち補欠を含めてレギュラーになれるのは、半数ほどにすぎない。それ以外はいつ戦力外通告を受けるかもかわからないという、まさにプロ集団なのである。

そのような中で生き残ろうとすれば、何としてでもレギュラーの座を確保しなければならない。強くなって勝ち上がっていかなければ、選手生命そのものが失われるのだ。

選手全員のあらゆる情報データを集め、分析・研究しながら勝つための道を見いだしていかないと、私のような選手は生き残れなかったのである。だから、私は、苦手な先輩と対戦しなければならなかったとき、その先輩を得意としている後輩を居酒屋に誘い、そのあらゆる情報を聞き出して試合に臨んだこともあった。

こうして、素質に恵まれたわけでもなければ、特別な英才教育を受けたわけでもない私が会得したことは、何よりも「負けない」剣道であった。

大きな勝負はたいがい一度きり。一本取られて負ければそこで終わりである。しかし、防御に徹し、たとえこちらが取れなくても、一本を取られないように試合を進めていけば、負けはない。そしてたいがいどんな強い相手もそのうち、必ずこちらが一本取れるスキを見せるようになる。結果として、勝ちにつなげられるのである。

■攻めよりも守りを固める私のスタイル

そのため、私は初めから積極的に攻めるよりは防御を、守りを固めて、粘り強く勝負に徹する方法を意識的にとってきた。

私が全日本選手権で初めて優勝したときに、私の剣道は消極的だとか、「変剣《へんけん》」（オーソドックスではないクセのある剣道）だとか、王道に反するものだとか、マスコミなどから一部批判を受けた。

一般的に剣道の試合というのは、お互い攻め合い、さまざまな技を繰り出して華々しく打ち合ったのちに豪快な技で一本勝ちを決めるのが望ましいといわれる。そういう視点からは、私の剣道は、一部の人たちには異端なものと映ったのかもしれない。

しかし、私は、自分の剣風を曲げるつもりはなかった。自分がこれまで、努力と工夫を重ねながら築き上げてきた自分の剣道を、簡単に否定することなどできなかった。

翌年、私はふたたび自分の剣道に徹することで、全日本選手権で初の連覇を達成。その後私の剣道への人々の目は、少し変わってきたようであった。

今、私は、選手から指導者の立場となり、年を経るとともに剣道にもやや変化が見られるようになった。最高段位である八段もいただいた。しかし、私の剣道の基本は、「守り」を固め、「打たれない」「負けない」中で少ない機会をものにして勝利に結びつけるというものだった。

本書はこのような私の経験をもとに「勝ち続けること」をテーマに執筆した。剣道を知っている方のみならず、剣道を知らない方々の仕事や勉強の参考にも読んでいただけるようにまず私の考えをひと言でまとめ、その後解説的に詳細やエピソードを述べる形で構成した。剣道経験者の方々には自明なことも多いかもしれないが、小学生や中学生が読んでもわかるように書かせていただいた。読者のみなさんに少しでも共感していただければうれしい限りだ。

宮崎正裕　神奈川県警察剣道首席師範　剣道教士八段

推薦のことば

「平成の剣豪」「努力の天才剣士」。前人未到であった剣道日本一の連覇を成し遂げ、六回の日本一に輝いた宮崎正裕氏をこのように呼ぶ人もいる。その実績をして剣道界の歴史を大きく塗り替えたともいえるわけで、私が「宮崎の前に宮崎なく、宮崎の後に宮崎なし」と言ったのもご理解いただけるのではないだろうか。

宮崎正裕氏は剣道界のイチローと評されることがある。しかし、イチローが野球界で達成した以上のことを宮崎正裕氏は剣道界で達成していると私は考えている。剣道をあまりご存じない方々でも、彼がどれほどの逸材かこの表現でご理解いただけるのではないかと思う。

現在は神奈川県警剣道首席師範として後進の指導にも力を注いでおられるが、愛情をもって後輩に接することでも有名で、後輩から大変慕われている。しかも、世界一を三名、日本一を四名育てており、その指導実績も抜群である。その力量は他の人がまねできるものではない。

このような実績にもかかわらず、ユーモアにあふれ、男気があり、人への心遣いも忘れない。加えて非常に知的である。そして、ざっくばらんでまったく驕《おご》り高ぶることがない。その謙虚さも特筆すべきものがある。

その実力や人間性はどこから来るのか。どうしたらこのような実績をあげられるのか、私自身もその秘訣《ひけつ》を知りたいと長年考えていた。彼がこのような本を書くのを待ち望んでいたといえるのかもしれない。

実際、この本を読めば宮崎正裕氏の強さや人となりの秘密がわかるであろう。理論と実践を兼ね備えており、その生き方や態度は剣道に励む人々にはもちろんのこと剣道を知らない学生やビジネスマンの方々にも大きな参考になるにちがいない。

本書ができるだけ多くの方々に読んでいただけることを心から望んでいる。

松永政美　全日本剣道連盟副会長　剣道範士八段

宮崎正裕 主な記録

■本人実績

全日本剣道選手権大会　優勝６回（連覇２回）、準優勝２回
世界剣道選手権大会　団体戦優勝４回
世界剣道選手権大会　個人戦優勝１回
全国警察剣道大会（団体）　優勝２回
全国警察剣道選手権大会　優勝６回、準優勝２回、３位３回
全日本選抜剣道七段選手権大会　優勝７回　準優勝３回
寛仁親王杯剣道八段選抜大会　優勝１回
全日本選抜剣道八段優勝大会　優勝１回

■指導実績

全日本剣道選手権大会　優勝４回
全日本女子剣道選手権大会　優勝１回
全国警察剣道大会（団体戦）　優勝３回
全国警察剣道選手権大会（個人戦）　優勝３回
世界剣道選手権大会　男子個人戦優勝２回
世界剣道選手権大会　女子団体戦優勝２回
世界剣道選手権大会　女子個人戦優勝２回

勝ち続ける技術　目次

第1章

好きになる

第2章 観察する

第3章 考え抜く

第4章 守りを固める

第5章

先を読む

第6章 勝負をかける

第7章

打たれて学ぶ指導法

装幀・組版　松好那名（matt's work）
構成　野沢一馬
編集協力　増山雅人
編集　武田伊智朗（サンマーク出版）

第1章

好きになる

途中で投げ出さずに、とにかく続ける

「継続は力」。途中で放棄しなければ失敗はない。成功するまで続けられるかどうかだ。

「一万時間の法則」というのを聞いたことがあるだろうか。これはどんな分野においても一万時間以上の練習を積めば、プロの技能に達することができるという理論である。この理論でいえばとにかく続けるということが物事の上達のポイントだということになる。しかし、一万時間以上の練習というと毎日三時間の練習を十年間続けなければいけないことになる。私が本格的に剣道の稽古《けいこ》を始めたのは高校からであり、そのころから毎日三時間以上の稽古を始めている。この理論からいえば二十五歳からがプロと呼べる域に達することになる。考えてみると、たしかにそのころから試合で勝てるようになった。あながちこの理論も間違ってはいないと思う。

私が剣道を始めたのは、小学校一年からである。地元にあった玄武館坂上道場に通い始めた。当時は少しやんちゃだったので、道場でビシッとしつけてもらいたいという母親の思いがあったようだ。父親は剣道が好きで、子どものころに少し教わったそうだが事情があって続けられず、その思いを息子に託したいという気持ちもあったと聞く。

しかし、親に剣道のことを口うるさく言われた覚えはまったくない。むしろ伸び伸びとやれたと思う。そういう状態だったから、「正裕が全日本選手権で優勝して日本一になるなど、期待もしていなかったし、思いもしなかった」と父は今でも言う。

坂上道場には当時、百人ぐらいの子どもたちがいて、私も週三回、ずっと通ったが、そのころはいつもやめたいと思っていた。自分が格好いいとイメージしていた剣道と、実際の剣道がちょっと違っていて、そのギャップに戸惑ったのだと思う。

それでもやめなかったのは、両親が温かく見守ってくれたことと、道場の先生（故・坂上博一先生、現館長の坂上節明先生、山田尚先生）が剣道で大切なものとは何かを、厳しくもしっかりと教えてくれたからだ。もしもあのときにやめていたら、その後の自分はなかった。両親や先生方には今でも感謝している。

勝ち続ける技術　2

徹底的に基本を身につける

目の覚めるような大技もほれぼれとするような
応用技も、基本の習得があってこそ。

毎年十一月に行われる全日本剣道選手権の試合などを見ていると、どの選手も自由自在に竹刀《しない》を操り、さも簡単に技を決めているように見える。しかし、実際竹刀を握って振ってみるとそう簡単に操作できるものではない。日ごろの鍛錬のたまものなのである。しかも、足裁きや竹刀の握り方、振り方などの基本ができないと正しい打突《だとつ》ができない。多くの基本をしっかりマスターしないと応用技を決められるテクニックは習得できないのだ。

私も小学生のときは野球やサッカーもやっていたが、それらはルールさえ覚えれば、その日のうちに何とか試合ができる。だが、剣道は違う。すぐに剣道具（防具）を着けてもうまく動けず、試合はできない。だから防具を着ける前に基本をかなり厳しく仕込まれることになる。一年近くも防具を着けさせてもらえなかったほどである。防具を着けて、格好よく試合をすることに憧《あこが》れて始めたはずなのに、基本的なことばかりやらされる毎日がイヤで、いつもやめたいと思っていた。

剣道はもともと武術から発祥したものなので礼儀作法を重んじる競技だ。その理念にもあるように人間形成を目的とする。だから、正座をするにしても「左足から先に床に下ろせ」など所作の順番やルールを教わったり、「掛け声はいつも大きく」などと指導される。ゲタ箱の靴の置き方まで事細かに注意され、叱咤《しった》されることもある。

昔は「なぜ」そうするのかということを先生方は教えてはくれなかった。「なぜ」は自分で考えるからこそ身につくという面もあるからだろう。しかし、**今は私は子どもたちや後輩に教える際には、「なぜ基本的なことをしっかり練習しなければならないのか」「なぜ礼法はこうなるのか」などを、できるだけわかりやすく説明することにしている。今の子どもたちは、やることがたくさんあって忙しい。だから、納得しないことを続けるのは難しいからだ。**

たとえば、座る際にはなぜ、左足から先に床に着くのか？ 理由の一つに相手が斬《き》りかかってきてもすぐ対応できるようにというのがあるのではないか。座り方一つにしても昔の武道の理念が反映されているのだと思う。

勝ち続ける技術 3

大きく、まっすぐ

最初は大きく、まっすぐ行うのが基本。
技術が高まれば小さく早くできる。

剣道は面、小手、胴、突き（「突き」は危険なので中学生までは認められていない）の四つの部位を打突することで勝負を競う。普通、試合は時間内に二本先取したほうが勝利者となる。一本しか取れなくても制限時間が来れば一本を取ったほうが勝ちとなる。

坂上道場では指導の根幹は、基本である「面を、とにかく大きくまっすぐ打て」というものだった。「面は構えたときに一番遠く高くにある。だから、面が打てれば小手も、胴も打てる」というのが館長の口グセだった。

しかし、実際のところ私はそのころ、館長の教えには反発を覚えていた。面を打ってばかりいたら胴ががら空きになって打ち抜かれて負けてしまうのではないか、と考えていたのだ。

初段審査に、なかなか合格しなかったのもこのような私の考えにあったのかもしれない。負けないことにこだわる剣道が基本を重視する審査員には認めてもらえなかったのではないだろうか。「試合では負けない相手が先に審査に受かって、なぜ自分は落ちるのか」とか、「実力と人の評価は違うのだ」とさえ考えたこともあった。

今振り返ってみると審査員の目には、たとえ勝負では勝っていても基本ができていないと映ったのだろう。

現在、私も子どもを教えることがあるが、習い始めの指導としては「大きく、まっすぐ」と教える。

反発を感じたこともあるが、私が今でも面が得意技であり、面にこだわって勝負をかけてきたのはやはり館長が「大きく、まっすぐ」と教えてくださったおかげなのである。

勝ち続ける技術
4

負けた悔しさをバネにする

負けたときは誰でも落ち込むが、その悔しさをもとに原因を突き止め、ふたたび挑戦する。

こんな話を聞いたことがある。高校時代は無名でほとんど成績をあげていない男がある強豪大学の剣道部に入った。他の部員はインターハイ出場経験がある選手ばかり。一年生のとき部内試合を行った際、彼はまったく勝てなかった。しかし、彼は言い放った。「おれは一本も打たれていない。全部不十分な打ちだ。審判の判定が間違っている」。間違いなく打たれているのにである。しかも彼はけっして悪気で行っているのではない。負ける悔しさから本当に打たれていないと思い込んでいるのだ。しかし、そのとき審判をしていた二年生、三年生たちはよい気持ちがするわけはない。そこでその後、徹底的に他の一年生より稽古でしごかれた。しかし、彼はそれにもめげず、練習に立ち向かっていった。他のメンバーより明らかに稽古量が多いのでメキメキと力をつけ、逆にその裏表のない性格から先輩からも信頼を得ていった。そして、二年生になってレギュラー入りをうかがうようになり、三年生になるとレギュラーに定着しポイントゲッターになっていった。

これは極端な例かもしれないが、何事もちょっとした失敗や負けにめげていると進歩はない。失敗や負けも「あれは失敗でも負けでもない」と言うような人のほうが伸びるのかもしれない。

私も負けるのが悔しかった。小学校時代、私は剣道でたいした成績を残せなかった。負けが多かった。中学校へ進むと、道場の友だちは他の運動部に入るなど、剣道から離れていくものも少なくなかった。私は公立中学へ進んだが、当時は優秀な剣道指導者がいらして私の入学前には県内でも剣道部はトップクラスだった。しかし、中学に入っても続けた理由は何より、それまで試合で負けたことの悔しさだった。普通は強い人間が勝つことのおもしろさを知って、もっと強くなろうと、練習に打ち込んだりするのだろうが、**私の場合は負けた悔しさ――このままでは終われないという闘争心が、剣道を続けさせたのである。**強くなりたい、強くなって相手を打ち負かしてやりたいという気持ちが、いつの間にか芽生えていた。

勝ち続ける技術
5

人の評価は気にしない！

試験や審査は一つの「目安」であり途中経過の評価にすぎない。やめずに挑戦し続ける。

ご存じのように剣道には段位制度がある。中学一年から、初段の段位審査が受けられるようになる。私も中一から受審した。

当時の初段審査は今よりも厳しかったように思う。合格するのは五人に一人ぐらいだった。審査は、決められた時間内で試合形式の立ち合いを二回行う。しかし、試合ではないので一本（有効打突）を取ったか取らないかということよりはむしろ、剣道の基本をきちんと学んできているかが評価の対象になる。防具の着け方、足裁きや竹刀の握り、竹刀の振り方などをしっかりと学んできたか、これからもしっかりとやっていけるかといった面を重視する。

私は合格する自信はあった。相手を打ち込んでいる自信があった。しかし、初めのころには二回の立ち合いに耐えられるだけの体力が、まずなかった。いつもスタミナ切れの状態だった。年に三回受けられた審査試験はことごとく失敗した。

今まで自分は何をやってきたのだろうと、すっかり落ち込んでしまい、またしても剣道をやめたくなったのをよく覚えている。しかし、受かる自信はあった。だから、挑戦し続け、結局、二年生になって、五回目でやっと初段に合格した。うれしくなって、また剣道を続ける気になった。**「愚直にひたすら挑戦し続ける」これも人生にとって大事なことだと思う。**

勝っても驕ることなく相手を気遣う

勝つことはもちろん大切だが、勝って兜《かぶと》の緒を締め、敗者を思いやる心構えをもつ。

剣道には「残心《ざんしん》」という言葉がある。私はこの残心という言葉が好きだ。一本を決めたあとに相手に向かってしっかり構え、身構え気構えを残すことである。この動作までできて一本なのである。これは、剣道が剣術という命のやりとりを行う勝負をもとに生まれてきたゆえに生まれた言葉だと思う。相手を斬っても、まだ相手に致命傷を負わせていない場合、**相手が斬りかかってくるかもしれないので油断を見せないという意味合いがある。私自身はもう一つ、現代剣道では一本取っても相手に敬意を払うという意味が込められているのだと理解している。**

剣道は、礼に始まり礼に終わる。礼儀や礼節を非常に大事にする。たとえば、他のスポーツでは勝つと、ガッツポーズをとったりするが、剣道では絶対に行わない。行ってはいけないのである。決まった一本を取り消されることさえある。勝っても驕《おご》ることなく、負けた相手の健闘もたたえるという、敗者に対する思いやりの心を大切にするのだ。

そういう教えのもとに毎日、稽古に励んだり、試合に臨んだりしているので、子どもたちが間違った道にそれるようなこともないのではないか。剣道には人として生きていくのに役立つような教えがたくさんあるので、それが自然と人間教育にもつながっているのではないか、と私は考えている。

勝ち続ける技術 7

自分は強いと思い込む

勝負に勝とうとするなら、自分の力を信じて、「勝てる」と自らに「暗示」をかける。

剣道には「四戒」という言葉がある。

他のスポーツや仕事でも同じかもしれないが、心の動きによって、本来勝てる相手に負けてしまうことがある。

「四戒」とはそのような負けにつながる心の乱れのことを表している。

その四つとは「驚《きょう》、懼《く》、疑《ぎ》、惑《わく》」である。

まず「驚」。

これは考えていなかったような相手の動きや声や気合いに驚いていつもの自分の力を出せないばかりか冷静な判断や対処の方法を忘れてしまうことだ。

次の「懼」は恐れること。

相手を恐れては自分の力を出しきれない。

三つ目の「疑」は疑いの心。

自分の力を疑えば思い切り打ち込むことはできないし、打ち込んでも返し技にあうのではないかとあやしんでいれば動けなくなる。ひいては、瞬時の判断や動きができなくなってしまう。

そして、最後の「惑」は惑うことである。

どのように攻めていくか迷っていれば心が乱れ、混乱して瞬時の判断や動作ができにくくなる。

試合ではけっしてこの「四戒」に陥ってはならない。

それではそのためにはどうしたいいのだろうか。それは自分の力を信じて「勝てる」と思い込む、つまり自信をもつことだ。そして自信を得るためには結局、人より練習を重ねるしかない。

勝ち続ける技術 8

まずは昨日の自分より強くなる

何より昨日の自分より進歩することを考える。
すると必ず花開くときがくる。

中学時代、転機となる試合があった。中学生の試合には中学校が主体として行われる中体連（中学校体育連盟）主催の大会と道場を中心に行われる剣道連盟主催の大会がある。中体連の大会は夏休み直前に行われたが、一回戦で惜しくも負けた。しかし、私は夏の剣道連盟の県大会個人戦には、推薦で出場することになった。この大会は地区の予選大会の試合で勝ち上がった選手たちの枠と、道場の推薦を受けて出場する選手の枠があった。一般的には予選で勝ち上がってきた選手のほうが強い。

私はたとえ推薦枠でも県大会に出場できるとはまったく考えていなかった。ただ、昨日よりは強くなろうと稽古は頑張って続けていた。試合には多少自信があったが初段を落ちるほどだからそれほど活躍できるとも思っていなかった。

しかし、その大会で私は優勝こそできなかったが、幸運にも準優勝してしまったのだ。しかも、地区予選を勝ち上がった強豪たちを破っての勝利である。

そして、この大会を見ていた先生の推薦が私の高校進学のきっかけになった。今考えてみると、「人生には必死でやっていると大きなチャンスが訪れるときが必ずくるのだ」と考えざるをえない出来事である。

勝ち続ける技術 9

よき指導者にめぐり合う

たゆまず練習し、必死に精進をしていれば
必ずよき指導者にめぐり合うことができる。

小学生のときに玄武館の館長・坂上先生という最初の師に出会えたことが私の人生にとって大変大きかったと思う。大きく面を打つことの大切さを教えてくださった。

そして、その後も素晴らしい指導者にめぐり合え、私の剣道人生は充実したものになっていった。とくに、前述したように道場大会の監督が私を県大会の選手に推薦してくれたことは大きな転機になった。この大会で準優勝したことで当時私の中学校の副校長で剣道六段の阿部功先生が、東海大学相模高校の剣道部の山崎士先生に推薦してくれたのだ。高校剣道部への道を開いてくれたのである。

高校ではその山崎先生に「縦」からの攻め、まっすぐ面を打つ剣道を徹底的に教わった。その後剣道部顧問を引き継いだ木田誠一先生に指導いただくことになるのだが、木田先生は「横」からの攻めや、左右に動く剣道を教えてくださった。おかげで、三年生のときにはインターハイの個人、団体戦ともに出場することができた。その後も私は素晴らしい指導者、師匠に恵まれることになる。

やはり自己流ではどうしても自己満足で終わってしまう。そのときそのときに一流の先生方に出会えたことで今の私があるといえると思う。

勝ち続ける技術
10

練習を好きになる

強くなって勝つためには今やっていることを好きになることが何より大切だ。

神奈川県警に私をスカウトしてくれた師範が、「何よりもまず、剣道を好きになることが大事だ」といつも言っていた。

「好きになれば必ずうまくなって、勝てるようになる。ただ、毎日同じような稽古をやるわけだから、飽きがくる。しかし、その飽きがきた中でも続けていくためには、どれだけ好きになれるかということが大事なのだ」と。

そして、食べ物にたとえてこうおっしゃった。

「たとえ好きな食べ物が肉でも朝、昼、晩と、一日三度食べていれば飽きてくるはずだ。だから、味つけを変えるしかないのだと。つまり、われわれは毎日の同じ稽古に飽きがこないように自分なりに工夫を凝らして楽しんでいくしかない」

私の場合、負けん気が強いので「負けたくない、強くなりたい」という気持ちは人一倍もっていた。だから剣道を続けられたのだと思う。

また、私は勝つためには何を、どうすればいいかと常に考えていた。

そして、練習時間を一瞬たりとも無駄にしないようにした。人の稽古を見ていても、相手のクセを研究したり、打ちのパターンを見極めるように努力した。

また、稽古で相手に打たせるとき（元立ち）にもどうしたら打たれないようになるか、

相手の速度やタイミング、技の出し方、打ってくるときには相手はどのような状態になるのか、また、その人の打ってくるときのクセは何かなどを見極め、一瞬たりとも気を緩めずに稽古をした。

そうするうちに、より多く勝てるようになった。するとますます勝負が好きになって、さらに研究熱心になっていった。

剣道を好きになり、勝負を好きになれば練習も好きになる。このように、好きになればすべてがうまく循環していくようになるのだ。

第2章

観察する

勝ち続ける技術

11

素質がなくても勝てる

素質や資質は、千差万別。それをうまく引き出せるかどうかは気力と気構え次第である。

これまで自分が素質に恵まれていると思ったことはない。体力や技術力で他の選手に比べて飛び抜けてすぐれているとは自分でも思えない。実際、学校でのマラソンや体力テストはけっしていい成績ではなかったし、人がびっくりするほど体も硬い。

私の剣道は鉄壁の守りがその強みだともいわれる。たしかに、「打たれなければ負けることはない」と考え、守りは徹底的に工夫をした。また、自分で言うのもおこがましいが、多少動体視力は人よりすぐれているように感じている。これは、子どものころサッカーではキーパーを、野球ではキャッチャーをしていたからかもしれない。

昔からの剣道の教えに「一眼二足三胆四力」というのがある。剣道において大事なものを順番に述べているのである。一番大事なのは「眼（目）」で、洞察力。次が「足」。竹刀《しない》を振る腕のほうが重要に思えるが、実は足の動きが重要であるということだ。そして三番目が「胆力（気力）」で、度胸やものに動じない気持ちである。四番目にくるのが「力」であるが、体力という意味ではなく技術力のことを指している。剣術からきているのだから刀を振るという技術が一番大事だと思われがちだがそれは最後で、実は洞察力がもっとも重要だという。**技術というものの重要性が最後に語られるというのは剣道らしいと思う。そこに体力や技術よりも洞察力に重きをおくという剣道の理念が隠れているように思う。**

どんなに強い相手でも必ず弱点がある

どんなに強い相手でも弱点を見つけ出せば、必ず勝利を呼び込める。

中学時代は自分を強いと思うことはあまりなかった。

だから、全国で活躍していた選手が入部する東海大相模高校では当初、自分は一番弱いと思っていた。

それゆえに逆に絶対強くなってやろう、どうやったら勝てるかを必死に考えた。

試合のときは、いつも事前に作戦を練って臨むようになっていった。そして、負けた場合はなぜ負けたのかを反省し、次に対戦するときはどう対処すればいいか、それを懸命に研究した。

それを繰り返すうちに、どんなに強い相手でも絶対はない、必ずどこかに弱点があって、そこを突けば突破口は開ける、と思うようになったのである。

もちろん勝てば勝ったで、なぜ勝てたのか、その勝因を振り返り、詰めに甘さはなかったかを考えてみることにしていた。

そして、こうすれば勝てるのだという、自分の勝ちパターンが少しずつわかってきた。

勝ち続ける技術

13

ケガや病気をしない

ケガや病気をしないことは自分の成長にもつながり、チームへの貢献にもなる。

高校時代に私が一番自慢できるのは、試合での勝利数よりも練習を三年間一度も休まずに皆勤賞をもらったことである。もちろん多少、ケガをしたり風邪をひいたりしたことがあったが、それにもめげず一度も稽古《けいこ》を休まなかった。

また、高校を卒業してすぐに神奈川県警察に入ったのだが、全国警察剣道大会（団体戦）には昭和五十七年（一九八二年）から十九年間、連続出場した。これは、その十九年間に大きなケガも、病気もしなかったという証明である。これほど長く選手生命が保てたということは、その分だけ勝てるチャンスや、優勝できるチャンスが増えていったということだ。つまり、数多くの試合に出場できたからこそ、成績が残せたともいえる。

チームとしても試合当日に選手が一人でも、体をこわして突然休んだり、ケガをしたりしただけで戦略や戦法に大きな影響を与える。

病気をしない、ケガをしない、体まないということは勝つための基本であり、何よりも重要だと思う。

そういった意味では丈夫に産んでくれた両親に感謝しなければいけないと思うし、健康管理にいつも気を配ってくれる家内にもお礼を言いたい。

頭の中に二人の自分をもつ

勝負に自信は必要、慢心は禁物。緊張は必要、弱気は禁物。強気と慎重二人の自分をもて。

試合で勝って控え室へ戻るとき「次は負けるのではないか」という思いがいつも自分の頭の中によぎる。

その一方で「大丈夫、おまえは強いから勝てるよ」という強気のもう一人の自分もいる。この二人の自分が、頭の中で葛藤《かっとう》を繰り広げる。

では、そこで自信いっぱいの自分だけを大事にするのか？　私の場合は、この「負けるのではないか」という弱気な、ネガティブな自分もつねづね大事にしている。こいつがいるから、どこか自分にスキがないかと身を引き締められるし、次の試合前にはコンディションを万全に持っていこうと、コントロールができるようにもなるのである。

絶好調で勝ち進んでいたのに途中であっさり負けてしまった仲間などにあとで話を聞くと、思わぬ落とし穴にはまってしまったということをよく聞く。「このままでいける」という自信過剰からだ。調子に乗って攻め込みすぎたり、ふだんはやらない技を使って勝ちパターンに乗れなかったりすることがよくあるのだ。

「勝てる」という思いが少しでも出てくると、慎重な自分にも登場してもらう。その気持ちの引き締めが、結果的に成績につながると考えるからだ。

「負け」を引きずらない

勝負事には負けや失敗は必ずついて回る。
負けてもすぐに気持ちを切り替える。

試合前というのは、選手はどうしたら勝てるか、負けないための手はあるのか、などさまざまな思いをめぐらす。しかし、試合では負けることもあるということを覚悟して臨むべきだ。そうしないと精神的にまいってしまい、先に進めなくなるからだ。

つまり、落ち込んでいる時間を一分でも一秒でも少なくし、できるだけ早く切り替えて、次の段階へ前向きに進んでいくことだ。**勝負事は、どんな場合でも、負けるときがある。むしろ負けることが多いのだ。だからこそ一流の選手、すぐれた勝負師ほど、その切り替えが早い。素早く、上手に立ち直ることができるのである。**ただし、負けたときには、なぜ負けたのか、その原因を突き詰めることが肝要だ。「負けが負けを呼ぶ」——負けたことだけをいつまでも引きずるのではなく、原因を探り次の試合に生かす。

また、ジャッジに対して「あの自分の面は当たっていたのに」とか、「相手の技は入っていない、自分が勝っていたはずだ」と思うこともときにはあるだろう。しかし、いくらそのように考えてみても審判は絶対だ。旗が上がらなければ勝ちにはならない。また、逆に「自分の技は十分ではなかったけれど運よく旗が上がって勝った」という経験もあるはずだ。だから、先のことを考えれば負けたときも、「こういうこともある」と割り切って、そこから早く立ち直ることが大事だ。

プライドは捨てる

勝つための方法を得るためには部下だろうと
後輩だろうとプライドを捨てて教えを請え。

試合に臨むにあたっては、対戦相手がどういう選手なのか、事前にできるだけ情報を集めることにしている。どういうクセをもっていて、得意技は何か、ウイークポイントはどこか、どんな気性なのかといったことまで、知りたいこと、知っておくべきことは、人に話を聞いたりして可能な限り収集し、さまざまな角度から研究する。

何度か対戦している相手なら、ある程度は判断がつく。だが、とくに苦手意識のある相手とか、一度もあたったことのない選手の場合は、事前に準備しておかないと、たとえ実力的に自分のほうが上だと思っていても、そうそう勝てるものではないのだ。

情報を集めてみると、相手選手に対する自分の先入観とはまったく違う情報やコメントが入ってくるケースがよくある。それを素直に受け止めてみると、新たに気づかされることも多い。人の意見や話を聞くのはとても大切だと思う。

話を聞くのがたとえ後輩だろうと部下だろうと、プライドを捨てなければいけない。自分は相手に勝つのが目的なのだから、そのためには何でもやってやろう、という気構えであたることが肝心だ。

「勝った」と思ったときが一番危ない

調子がいいほど落とし穴がある。
好調なときは気を引き締め、慎重に攻める。

試合をやっていて、今日は非常にコンディションがいい、と思うときがある。しかし、そのようなときほど注意しなければならない。平成二年（一九九〇年）の第三十八回全日本剣道選手権大会で初出場・初優勝し、翌年も優勝して連覇し、平成四年の大会三連覇に臨んだときのことである。

その際も大変調子がよく、体の動きも申し分なかった。一、二回戦と順調に勝ち進み、三回戦の試合も私の動きは非常によかったように思う。いけると思って進めていたが、なかなか勝負を決められないでいた。そして、少々焦って思い切って面に飛び込んだ瞬間、小手を決められてしまった。無防備に「いける！」という判断だけで突き進んでしまったからだ。

どんなに調子がいいと思っても、すべてがうまくいくわけではない。団体戦でも王手をかけたあとの一勝が一番難しい。

強引に勝ちにいくと、逆に相手に流れが移っている場合もある。

それをこの一戦で教えられたのである。

つねに新しい技に挑戦する

一つの技だけにこだわって勝てるほど勝負の世界は甘くない。つねに新しい技を追求する。

一度使った技は必ず研究されたり、まねをされたりする。

たとえば私の決め技は、面打ちが多い。当然、面技は研究され、警戒される。そうなると、面に代わる技を考えなければならない。

私が面を打とうと攻めていくと、相手はよけようとして手元が上がり、小手が空いてくる。そこで、その小手を狙《ねら》う。このようにして面の次に小手を得意技として習得していった。**今までの自分の得意技を生かして次の技に発展させたのだ。**

また、長く選手をしていると年齢との戦いもある。若いころには遠くまで届いた面打ちがだんだん届かなくなる。すると面一本を取るにしても、スタイルを変えねばならない。

では、どうするか。

相手が出てくるカウンターを狙うことが自然と多くなる。相手がこちらのエリアに入ってきて、面を打ち始める際にできるスキを狙って、面を打つ。それまでの半分の相手との距離でもこの技なら届く。

最初に優勝を勝ち取った技で勝ち続けられるほど、この世界は甘くない。

打って反省、打たれて感謝

試合で打たれないためには練習で打たれることだ。稽古では負けを恐れず新しい技を試す。

剣道には「打って反省、打たれて感謝」という言葉がある。

相手を打ち込んでも、「もっといい打ちができたのではないか」と反省し、打たれた場合には「自分の悪いところを教えてくれてありがとう」と相手に感謝し自分を磨くという意味である。

自分が教えている神奈川県警察の特練選手たちには、よその道場へ練習に行くときには、「勝とうと思うな、打たれるのを恐れるな」と言い聞かせている。

新しい技をしっかり身につけたり、自分のスタイルを確かめたりするには、相手に打たれるのをイヤがったり、恐れたり、恥だと思ったりしてはいけない。

しかし、もともと高校や大学で活躍していた強い選手たちだから、勝てるはずの相手に打たれるのがイヤでせっかく他の道場などに行っても相手を打つことだけを考えて、自己満足だけで帰ってくる。

これでは運動にはなっても練習にはならない。自分が今もっている力を出しただけなので伸びないのだ。

練習では打たれることを恥じずに新しい技を試すべきだ。新しい技を試せば打たれることもあるだろう。しかし、そのいっときのイヤなこと、悔しさに耐えられるかどうかが伸

びるポイントだ。

「おれは稽古で宮崎に一本取ったぞ」と言われたとしても「いただきました」「まいりました」と言って我慢する。耐えられない人間は、そのときの欲求のみに走って、そこから先の進歩がなくなるだけである。

打たれないと、新しい技やスタイルは身につかない。それは失敗ではなくて、修正が必要なところ、欠点や弱点を知ることができるチャンスなのだ。

勝ち続ける技術

20

集中力を持続させてミスをなくす

ミスは命取りになる。しかし、ミスは必ず防げる。
そのための工夫や研究を怠らない。

剣道の試合でミスといえるものは大きく二つあると私は思っている。まず第一に反則を取られること。剣道での反則というのは約一〇メートル四方の試合場から出る場外反則や、竹刀を落としてしまう反則がその主なものだ。周囲に注意を向けていれば場外に出ることはありえない。警戒心を途切れさせなければ、両手から竹刀を落とすこともない。反則を二回すると一本になる。だから一回でも反則を行うと精神的に追い詰められ、思い切って技が出せなくなることも多い。だからこそ反則はけっしてしてはならない。

二つ目は鍔《つば》ぜり合いから引き技で一本を取られることだ。接近戦から離れぎわに相手に打たれるというのは集中力不足だとしか言いようがない。

神奈川県警の監督をしていたころのことである。竹刀を巻いて落とすのを得意とする選手とうちの若手が対戦することになった。試合前、「必ず巻きにくるから気をつけろ」と何度も注意をして送り出した。実際相手はその前の試合でその技を出していた。前半では相手はその技を出さなかった。しかし、後半に入ってしばらくしたところで、鍔ぜり状態から離れるときに、一瞬のうちに竹刀を巻き落として、引き面を一本もぎ取っていった。来ないと思い込ませておいて最後の最後で得意技を出すことを狙ったのだろう。**制限時間ぎりぎりまで集中力は途切れさせてはいけないのだ。**

第3章

考え抜く

勝ち続ける技術

21

相手の研究は徹底的にする

先生や先輩、ライバルの稽古《けいこ》は
徹底的に見て盗んでいく。

剣道には「見取り稽古」という言葉がある。人の練習や試合を見て、いい技を参考にしたり、対戦相手の弱点を研究したりするのである。意外と見取り稽古が嫌いな人は多いし、若い人は他人の稽古を見るよりも自分の技を磨く時間を大事にしがちだ。しかし、私はこの見取り稽古が好きだし得意だ。前にも述べたが、高校で末席からスタートした私は強くなるために、勝つためにはどうすればいいか見取り稽古で徹底的に研究した。相手の得意技やクセを見て研究する。そしてそれをもとに頭の中で攻め方を考えイメージトレーニングする。その成果が、二年生ごろから少しずつ出てきたように思う。

古くから伝わる柔道、茶道、華道など日本の「道」がつく習い事は、師匠から習うものではなく「盗むもの」という考えがある。自分が好きだったり憧《あこが》れたりしている先生や先輩の技を見てまねる。まずはそこから進歩は始まる。その技を加工して自分流につくりあげるのだ。

それがうまくいかなければ直接聞いてみる。昔気質《かたぎ》の先生はなかなか教えてくれないかもしれない。しかし、たいていの先生は意外に喜んで教えてくれる。本気になって求めれば、たいがいの人は教えてくれるのだ。そして本気になれば、自分の身になる技術が身につくものだ。

勝ち続ける技術
22

ノートにメモを取る

稽古の反省、思いついた攻めや技などすべてを書き留めると思わぬ考えがわいてくる。

何度もいうが、高校入学時は中学時代にそれほどの実績があったわけではなかったので、「どうしたら強くなれるか、上達できるか」ばかりを考えて稽古に励んでいた。逆に中学である程度の成績を残していたりしたら、そこまで真剣に考えなかったと思う。

先輩たちの稽古を見ていて、なぜあんなに強いのか、どこが、どう違うのかと、いつも自分に問いかけていた。「声の大きさや出し方」といった単純なことから、「どこで、どういうタイミングで技を出していくのか」といったことまで、観察していたのである。

そして、それを忘れないように大学ノートに逐次メモしていき、貪欲《どんよく》に頭に詰め込んでいくことにした。これを繰り返していくと、ハッとするようなこと、気づかされることがたくさん出てきた。さらに、そのことを稽古で実践し、工夫を重ねていった。

ノートには、自分で思ったこと、思いついたことは小さなことでもすべて書くようにした。しかし、アイデアや考えは、いつ頭にひらめくかわからない。そこで、どこにでもメモをするようにした。授業中なら教科書の端に書いたり、マンガ本を読んでいるときであればマンガ本に書き込んだり、紙がまわりにないときは手にメモしたこともあった。

あとで見てみると実にたわいもないものもあるのだが、練習で実際に試してみると有効で今でも実践しているものもある。書くということは非常に大切だと思う。

勝ち続ける技術

23

相手のクセやパターンを見抜く

どんなに強い相手もクセがあり、攻めのパターンがある。そこを研究し糸口を見つける。

人と人が行う勝負に絶対はない。同時に、人間にはそれぞれ微妙なクセや、戦い方、攻撃のパターンというのが必ずある。

あるとき、見取り稽古で、面が得意な先輩を横から見ていた。すると、面を打つときに必ず一度竹刀《しない》を下げる動作をしていた。真正面から見るとどうだろうと、そのあと直接その先輩にかかっていって稽古で確認してみた。すると、やはり面を打ってくるときには、ほぼ必ず竹刀を下げる。これが彼の面にくる前の動作なのだ。

面を打つ前に一度竹刀を下げるので、その瞬間を逃さず、面に跳び込めば打ち込めるのではないか。そう考えて実際に試してみた。すると、見事にとらえることができた。

このようにして習得した攻略法を一つひとつ、ノートにも取り、貯金していった。先輩たちに実力では勝てない。だからこのようにクセを分析して一本を取っていくしかない。

しかし、いつも一緒に稽古をしている先輩だし、相手も一流だ。練習などで何度も繰り返し使えば、気づかれて、研究、修正されてしまう。だから、選手選考の重要な試合など一発勝負のとき、ここ一番というときに使おうと考えた。安易に使わず、いざというときにとっておくのだ。

チーム内のほとんどの選手のクセやパターンをノートに取り、頭の中に入れて研究し、稽古で実践し確かめた。失敗することもあるが、かなりの確率で、クセやパターンを把握できるようになっていった。

このような個人の独特のパターンやクセの研究だけでなく、一般論としての技のパターンも研究した。たとえば小手から面への連続技は多くの人がやるが、面から小手への連続技を打つ人は少ない。このような研究は、次にくる技を予測し、守りの対策にも応用できる。また、研究に基づいて相手の意表を突く技を繰り出せば、一本を決められる可能性も高くなるのだ。

勝ち続ける技術

24

体に「暗記」させる

いくら研究し攻め方がわかっても、体が暗記するほど練習しないと相手を打ち込めない。

粘り強く守りを固め、相手に容易に打たせない手法は、私の昔からの基本スタイルだった。防御の技術が上達してきているのは、稽古を積むごとに実感していたことである。

前述しているようにそのためにはまず、見取り稽古に力を入れた。とくに試合を見ているときには自分がどちらの立場になるかを決めて、次は何がくるか、どのようにくるか予想しながら見ていた。このようなパターンだと次は小手だとか、先を読む練習をしていた。そうすると多くの人はここでは面を打つのにこの先輩は小手を打つとか、個人のクセもわかるようになっていった。

しかし、実際に相手に対した場合にはパターンがわかっても相手の竹刀が振られてから反応したのでは遅い。相手が竹刀を振る前の腕の微妙な動き、上体の動きの変化などを事前に察知して対応しないと相手に打ち込まれてしまう。つまり、相手が竹刀を振る前に、狙《ねら》いを読んで体《たい》をかわさないと、間に合わず、勝負は瞬間についていってしまうのである。

見取り稽古中にパターンを研究し、自分の攻めのパタンーを頭の中でつくり出して繰り返しイメージトレーニングをした。さらに竹刀を握って実戦を繰り返し稽古で確かめていった。そのうちに、防御や攻めのパターンを体が暗記し出してきて、瞬間的によりスムーズに、よりうまくできるようになっていった。

勝ち続ける技術

25

相手に打たせるときでも研究する

勝つためには相手に打たせているときでも、自己向上のために研究し時間を無駄にしない。

剣道の練習は相手と組んで何本か自分が打った（掛かり手）あと、相手に打たせる（元立ち）というふうに順番に進めることが多い。

その際、自分が打つときは多くの人間は一生懸命打っていくのに、打たせるときは何も考えず、ただ打たれるままになって休んでしまうことが多い。休憩してしまうのだ。

しかし、それでは上達しない。限られた練習時間を有効に使うため私は、打ってくる相手を徹底的に観察し、どうやったらよけられるか、どうやったら打ち返せるかを研究しながら受けていたのである。こうすれば同じように行っているのに練習時間はみんなの倍になる。

しかも、相手はレギュラーの座を狙うライバルでもある。このときに相手の打つ際の弱点さえもつかむことができるのだ。

とにかくどんな際にも気を抜かずに練習し、考えて稽古することを心がけることが勝利につながるのである。

勝ち続ける技術

26

道具を大事にすると道具が勝たせてくれる

使う道具は、自分の分身だ。心を込めて手入れを行う。すると技術も上達する。

道具を使う競技ではその手入れは大変重要だ。不適切な道具を使えば相手にケガをさせたり自分もケガをしたりすることになる。

道具のよしあしが勝敗にもかかわってくる。

剣道の場合はその道具は面や小手、胴などや竹刀ということになる。私も手入れは丹念に行う。今日は天気がいいので日干ししてやろうとか、面なども汗と脂で汚れたからふいてやろうとか、自分の分身みたいに思って扱っている。

大事な防具は試合に行くとまさに自分の身を守ってくれているわけだから、大切にするのは当然である。

私は稽古が終わったあと、竹刀を面手ぬぐいでふく。面手ぬぐいは面をかぶる前に着けるのだが、衝撃から頭を守ったり、汗を吸い取るために頭に直接かぶる。だから稽古が終われればたいてい汗でびっしょりとなる。その面手ぬぐいで竹刀をふくことによって汚れをとり、適度な水分と脂を竹刀に吸い込ませることができ、長持ちさせられるのではないかと考えている。

効果が本当にあるのかどうかはわからない。しかし、そのような気持ちで道具に愛情を注いでいる。

よく出稽古や大会などに行くと気を使って私の防具を片づけてくれたり、場合によっては稽古着や袴《はかま》までたたんでくれようとする人がいる。敬意を示して行ってくださるのではあるが、私は失礼にならない程度にお断りしている。防具のしまい方や稽古着、袴のしまい方も私なりの方法があるからである。

そして、私は試合が始まる前、終わったときなどは、勝っても負けても、いつも防具に話しかける。「ありがとう。おまえのおかげで打たれなかったよ」「今度も頼むぞ」などだ。人が聞いたら、ヘンに思うかもしれない。しかし、私は道具を大切にするようになって剣道が伸びたと考えている。

それは剣道そのものを大事にすることにつながるからだ。道具を粗末に扱う人を見ると、少し残念に思う。

何よりも徹底的に準備をする

準備は必ず、しっかり徹底的に行う。
そうしないと事故やケガにつながる。

アスリートなら誰でも、試合や競技に出場する前は、必ず丹念に準備を行うものだ。私の場合も、事前の準備にはかなり時間をかけるようにしている。それは、やはり勝負に対する執念につながると思う。

試合や合宿の前には防具や竹刀の手入れやチェックは必ず行う。そして、出稽古や試合の前の晩などは今でも枕元《まくらもと》に防具と竹刀を置いて眠るようにしている。朝出る前に慌てて道具をそろえるなどということはけっしてしない。こうしないと安心できないのだ。

また、試合前の準備体操とアップはメニューを決めていて必ずそれを行う。そうでないとどうも気持ちも乗ってこない。

私は稽古に遅れて参加せざるをえないときも必ず準備体操は一通り行う。その分稽古の時間が短くなったとしてもしかたがないと考えている。せっかく相手がいる稽古時間を短くしてしまうよりはと、準備体操をまともにやらずにいきなり防具をつけることは絶対しない。ケガの怖さを知っているからである。どれだけの人がアキレス腱《けん》断裂をはじめ大きなケガで選手生命を短くしたり断たれたりしていることか。

私は今現役を引退しているが、それでも準備体操は欠かさない。これから、まだまだずっと長く好きな剣道を楽しんでいきたいからである。

第4章

守りを固める

勝ち続ける技術 28

自分を信じる

自分が研究し、努力した結果から導き出された方法は信念をもってやり抜く

全日本選手権で優勝したあと、私の剣風は正統派ではないとか、正攻法ではない「変剣《へんけん》だ」とか「剣道の基本から外れている」などと、一部周囲から言われたこともあった。

守りを固めて粘り強さを発揮し一本を取って守りきる。これが私の持ち味だ。深追いしすぎて負けることが多かったので、取った一本を慎重に大事にしていくしかなかったのだ。勝つことに徹底的にこだわった。これが私の剣風のもとである。

攻めて、積極的に一本を取りにいく剣道が正統派といわれる。しかし、相手が強ければ強いほどそう簡単に一本は取れない。だから流れや勝機がないと思えば徹底的に守る。

もちろん私も二本目を取りにいくこともある。初めて優勝した全日本の決勝では一本取ってからも攻め続けた。これは逆に私が一本取ったので、相手が私が守ると思っていると感じたからだ。裏をかいて思い切り二本目を取りにいった。これが功を奏し二本勝ちで勝利することができた。

この戦い方は見取り稽古《げいこ》、実際竹刀《しない》を交えての互いの稽古、対戦相手に関する情報収集や試合経験から生まれたものであり、付け焼き刃で行っているものではない。実際、現役で試合に出ている間は変えるつもりはなかった。それだからこそ全日本選手権を六回制することができたのだと私は信じている。

負けに不思議の負けなし

偶然の「勝ち」はある。しかし、「負け」には理由がある。それを徹底的に考える。

「勝ちに不思議の勝ちあり、負けに不思議の負けなし」という勝負に対する言葉がある。私もそうだが、偶然振った竹刀が当たって一本になったのに「自分は強い」と思い込んでしまったり、自分が負けたときには「あの技は本当は入っていないのではないか」などと考えてしまう人は多いように思う。

この言葉はこのような状況を戒めている。

勝ったときでもたまたま当たった技に慢心することなくどうすればよりよい打ちができるようになるのかをさらに研究、鍛錬しなければならない。また、打たれるのにはやはりわけがある。どんな形であっても、一本取られたらのはなぜ取られたのか徹底的に分析、反省しなければならない。

まぐれで当たった技や不十分なのに認められた一本を自分の力だと勘違いして有頂天になって努力を惜しむようになったり、多少なりともスキがあったからこそ打たれたことを人のせいにしたりしては上達は望めない。

勝利も敗北も謙虚に受け止め、さらなる高みへの糧《かて》とする。私もそのことを胸に刻んでこれからも剣道の修行に励みたい。

勝ち続ける技術
30

相手の得意技で攻める

実力伯仲の相手と戦う場合には相手の得意技を使うという逆転の発想をしてみる。

膠着《こうちやく》状態が続いたときには相手の得意技で攻めると効果的な場合がある。

ある大会で延長が続き勝負が決まらないことがあった。その試合で鍔《つば》ぜり合いになったときである。

相手は引き技が得意な選手だった。私は引き技はあまり得意ではない。このままの状態が続けば必ずどこかで仕掛けてくるのではないかと思われた。そこで逆に「ひょっとしたら、私が先に仕掛けたらうまくいくのではないか」と考えた。そして、お互い離れようとした瞬間、思い切って面を打ったのだ。すると、見事に決まった。

初めから引き技を仕掛けようとしていたわけではない。その場の思いつきにすぎないのだが、その逆転の発想が功を奏したのだ。

「得意技は得意技に弱い」と言われる。延長戦という一本取られれば終わりというサドンデスの場面でこのような技を仕掛けてくるとは、相手もおそらく思わなかったのであろう。相手の得意技だけに、完全に裏をかくことができたのだ。このような奇襲戦法は何度も通用するわけではない。しかし、相手を研究し得意技を知っていたからこそできたことである。

「勝利の方程式」を生み出す

勝つための方程式は、「相手を研究すること」と「己を知ること」で導ける。

試合を重ねながら勝つための基本原則を考え続けた。そして、負けないためには相手に一本取らせないことだと気づいた。相手に一本を取らせなければこちらが一本取れば勝てるのである。こうして、私の勝利の方程式は、自分が打つことよりも、相手に打たせないで防御を固めるという逆の発想から入っていったということになる。

では、相手に打たれないようにするにはどうするか。それを突き詰めていったときに、**「あらゆる選手のデータを集めてどのように打ってくるのかを研究すれば答えが出せるのでは」と考えた。** 得意技は何か、どういう手順で攻めてくるか。どのような形で打ってくるか。どんな体勢になったときに決めに来るか、といったことを習得しながらすべてノートにつけ、研究を重ねた。そうするうちに、この形なら八割方打たれないとか、こういう面を打ってくるなら完璧《かんぺき》によけられるとか、相手の技や打ち方から打たれないようになる確率を考えるようにして、自分の防御の形ができたのだ。

次は自分の研究である。私の場合は面が得意技だが胴は得意ではない。だから面と小手の組み合わせで主な戦い方を考えていった。まずは自分の「強み」と「弱み」を知ることだ。**自分の得意技を効果的に相手に打ち込むにはどう攻めていくかなどを研究するのだ。**ある程度の成績が収められたのはこのような発想のおかげではないかと感じている。

「負けない」執念が最後の勝負の分かれ目

試合で最後に勝負を決めるのは精神力。
絶対に負けないという執念だ。

大きな大会になればなるほど、実力が伯仲した優秀な選手が集まってきて、最終的にはメンタルな面、精神力が勝敗に大きく作用する。

たとえば、延長戦などに入ると、同じような場面が何度も繰り返される。ここは動くべきか、我慢すべきか、動くならどこで、どのタイミングで動くか、そういった見極めがとても重要になってくる。

大技で一気に勝負に出るのも一つの方法だ。しかし、この見極めが難しい。本当に「この一本はいける」と考えて勝負に出ていればいいのだが、現状から逃れるために苦しまぎれに中途半端に勝負をかけたりするとほとんど裏目に出て、失敗することは多い。勝負の分かれ目に立ったときに、結果的に相手に根負けしてしまっているだけなのだ。

勝負が拮抗《きっこう》しているときというのは、相手も苦しい状態に追い込まれている。だから、自分もチャンスがくるまでは根負けせず、「徹底して耐えてやる」という強い気力が必要になってくる。

絶対に負けないという勝負への執念をもち続けられれば、集中力が途切れることもないように思う。

勝ち続ける技術

33

最初の一振りを大切にする

試合が始まってからの最初の一振りである「初太刀《しょたち》」は勝敗のカギを握る。

剣道は命をかけて生身の体を真剣で斬《き》り合う戦いから発達してきた。今は竹刀を握って防具を着けているが、以前は死と隣り合わせだった。だから、最初に振り出す「初太刀」を大切にする。これが当たるか当たらないかは生死を分けるからだ。そのため高段者の審査ではこの「初太刀」を大切にする。ただ闇雲《やみくも》に打って出るのではなく、しっかり攻めて、相手を崩してから打ち込んでいるかどうかが評価されるのだ。

同様に試合でも「初太刀」は大事であると思う。この最初の一振りで多くの場合実力がわかるし、試合の形勢が決まることも多い。たとえ決まらなくても最初の一振りで相手の心を動揺させることができれば勝てる可能性は高くなる。

それではどのように初太刀は繰り出していけばいいのか。その機会を意味する剣道の言葉に「先《せん》」というのがある。通常剣道では先をとって打つようにと指導される。

そして先には三つの先があると言われている。まず、「先の先」。相手の気持ちを察知して、動こうとする前に自分から技を仕掛けること。次に「先」。これは相手が動く瞬間やスキを逃さず技を出していくこと。最後に「後の先」。相手が仕掛けてきたところをとらえること。私も「先」を意識して初太刀をとるように稽古をしているが、まだまだ修行が足りないと痛感している。

取り返したら一気に勝負に出る

先制を許し一本取り返したら、引き寄せた勢いに乗って一気呵成《かせい》に勝負に出るのが鉄則。

一本取ったら防御をしっかりと固め、粘りに粘って虎《とら》の子の一本を時間まで守り抜く、というのが私の勝ちパターンの基本である。では、それとは逆に、相手に一本先制されたときはどうするか。これはいうまでもなく、まずは何としても一本を取り返すしかない。どんなに小さなスキも見逃さずに打って出る。奇襲作戦をかけるなど、ありとあらゆる手段・手法を駆使して、とにかく一本を取り返しにいってタイにする。

また、何とか一本取れた場合、一本を取り返したあとの次の攻め方にも注意しなければならない。先に取られていた一本を取り返したら、さらにもう一本を取りに、一気呵成に勝負をかけたほうがいい場合が多い。

多くの場合、一本を先制して「いける」「逃げ切れる」と思ったときに取り返されると、誰でも瞬間的に悔やみ、動揺する。精神的余裕が完全になくなっているわけだから、そのわずかなスキをチャンスととらえ、一気に仕掛けていくのである。勢いは自分のほうにある。積極的に勝負に出ていくべきで、間違ってもひと息入れたり、躊躇《ちゅうちょ》したりしないほうがいい。「流れ」をつかんで大事にするのだ。

逆に一本取ったあとに取り返された場合には焦らず、自分に流れがくるのを待つ。慌てて一本取りにいくと勢いに乗っている相手に続けて取られてしまうことが多いからである。

いつでも攻撃に転じられるように「守る」

守りは、次の攻撃に移るためのステップと位置づけ、次の攻撃を考える。

勝負にこだわった場合、守り切れれば負けることはない。一本を取ることももちろん大事だが、まずは取られないことだ。つまり、「負けない技術」が、非常に重要になってくるのだ。

だからといって、守るだけの「守り」では、それ以上、進化しない。では、どうすべきか。守っても、そこからすぐに打てる体勢、よけても即攻撃に転じられる自分のスタイルをつくるべく練習を積むのである。

自分の型をつくるというのは、非常に大事なことだ。この型にはまれば絶対に勝てるというパターンをどれだけ多くもてるかがその人の実力だともいえるだろう。自分の型が出せるように相手を攻めていき、そのパターンに相手を引き出せれば勝ちである。しかし、相手が強くなればなるほど、そのパターンが簡単には通用しなくなる。

剣道の試合は相手より一本多く取れれば勝ちである。必ずしも大勝する必要はない。だから私は守りを固め相手に取らせない守りの技術を固めながら攻め勝つ方法を自分なりに徹底的に研究し、練習してきたのである。

一芸に秀でる

平均的に使いこなせる多くの技をもつより
誰にも負けない技を一つもて。

使える技がいくつもあるというのは悪いことではない。しかし、器用にいくつも技をもっている選手は意外と伸びないことも多い。必要なのは数ではなくて、本当にここぞというときに使える技をもっているかどうかということである。**これだというものを何か一つ、身につけること、一芸に秀でる個性的な存在であることが大事だと私は思っている。**

技をいくつももっているほど器用だが、これといった飛び抜けたものがない選手と、不器用だが粘り強さがある選手がいたとする。そして、この二人のどちらかを選ぶとすれば、私ならば後者の粘り強さのある選手を起用する。粘り強い負けない選手ほど、団体戦の試合では貴重な戦力になるのだ。

そして、私ならこの粘り強い選手を相手チームのエース級にぶつける。エースであるからこちらとしては負けてもともと、万が一引き分けにして止めてくれれば御の字。相手には大きな打撃になるからだ。チームのエースが敵の五番手、六番手に崩されると、チーム全体がもろくなる。こちらの勝機も見えてくる。その五番手、六番手の選手自身も相手のエースと互角の勝負ができれば大きな自信にもなり、伸びることにもなる。

スカウトをする場合も、実績だけを見ず、一芸に秀でているタイプか、粘り強さがあるタイプに魅力を感じることが多い。

第 5 章

先を読む

勝ち続ける技術 37

試合の潮目を読む

試合の「流れ」をしっかりと読める人間が
勝ち続けられる。

どんな勝負の世界でも、勝ち続ける人、なかなか負けない人というのが必ずいる。技術レベル面で相当高いものをもっているのは確かだが、それだけではけっしてない。

勝負の世界では流れや潮目を読み取れるかどうかが大きなポイントになる。前にも書いたが、たとえば一本を取っていながら取り返された側と、取り返した側とでは、ポイントは五分でも、勢いがまったく違うのだ。つまり、「流れ」は、明らかに取り返したほうにいっている。

その判断、見極めをしっかりと把握せずに闇雲《やみくも》に勝負をかけたりしたら、かなり危険だと思う。

だから、勝負に勝つには、今、試合はどういう状況のもとで、どのように展開しているのか、その潮目や流れをつねに意識して読んでおくことである。それが勝ち続けるには不可欠であって、言い換えれば、それを読める人が勝ち続けられるのである。

すべてパーフェクトに読むのは、もちろん不可能だが、ただ、流れを確実につかめるような人は間違いなく強い。試合を見ていても、「あの状況でよく我慢して出ていかなかったな」とか、「あそこでよく攻め込んでいったなあ」などと思えるような選手は勝利をつかんでいることが多い。

勝ち運の流れに乗る

流れが自分にきていると思ったら、
一気に攻め込む。

「どんな勝負においても、『流れ』というのが必ずある」と書いた。そのときどき勝ち運の風を読んで、攻撃を仕掛けたり、じっと我慢を重ねたりして勝ちに結びつけていくのが、勝負師というものだ。

取られていたポイントを取り返してタイに持ち込んだ場合などは、勝ち越しを狙《ねら》って一気に勝負に出る。風は完全に自分のほうに吹いているので、その風にしっかり乗っていくことである。

ただし、勢いで攻め込んでも、うまくいかなかったときは用心する。これだけ自分が打って出ているのに、ことごとくしのがれたり、旗が上がらない場合というのは、流れや運気が向こうにあるかもしれない。だから慎重になることが大切だ。それを乗り切ったら、今度はこちらから切り返すのだ。いつ反撃に出るかの見極めが重要だ。

自分がポイントを取って逃げ切ろうとしていたのに取り返された場合は、しばらくは様子を見ながら慎重に試合を進める。そのうちに相手も疲れてくるので、そのときは少しずつ攻撃を仕掛ける。そして、「いける!」と思ったらふたたび一気に勝負をかける。それが、勝負のセオリーというものである。

戦いの組み立て方を考える

手の内を知った相手と戦う場合、負けたケースを検証し、試合の組み立て方を考える。

試合で対戦する相手というのは、勝ち進んでいくにしたがって、実力のある、何度も戦った、お互いに手の内を知り尽くした選手が多くなる。そして、もちろんそういう相手に勝たなければ優勝することはできない。

その対策として私はまずは、自分が勝ったことよりも負けたときのことを研究することが多い。どんな技で、どのように、どうして一本を取られたかを思い浮かべ、対策を立てるのだ。

自分から打って出て、相手の間合い入ったときに打たれて負けるというパターンが私の場合は多い。自分が技を出すところというのは、スキができて相手の技を防げなくなるところでもある。カウンターを食らってしまうのだ。だから、手を出したのはどこだったかと思い返して、同じようには攻めないようにする。

そして次に、自分がこれまでに勝った場合はどうだったかを考える。その勝ちパターンをどの場面で出すかだ。当然、相手も研究している。その警戒心が薄らいだころを見計らって勝負をかける。

相手が粘り強いタイプだった場合には逆に早い段階で勝負をかけるようにしている。膠《こう》着《ちゃく》状態に入るといつの間にか相手の形にはまってしまうことがあるからだ。

つねに進化する

ライバルは必ず研究してくる。だから、つねにその上をめざして研究し、進化する。

対戦相手のデータをできる限り収集して研究を行っておくというのが私のやり方だ。「相手の得意技は何か？」「どのような打ち方をしてくるか？」「どのような順序で打ちを出してくることが多いか？」などを研究する。しかし、あくまで研究し「データを集めるのは不安材料を取り除くのが目的である。データは過去の事象の蓄積であるので変化する。相手が意図的に裏をかくこともある。だからあまりデータに頼りすぎないことも大切である。

また、自分の攻撃パターンが相手に読まれていることも当然ある。とくに全日本選手権などで優勝してからは、相手の選手たちも私を研究し、厳しくマークしてきた。だから、同じ技を何年も使っていてはダメだ。相手の研究も絶えず行い、新しい技を開発していく。そこに楽しみもある。

また、だんだん肉体も衰えていく、その際には衰えた肉体をカバーする工夫をしていく。**つねに相手の先を読む、相手よりもさらに研究して進化し続ける。そういう気持ちがないと勝ち続けることはできない。**

精神的な戦いで有利になる

勝負の世界は精神面の比重が大きい。
弱気や苦手意識をもったらそこでおしまいである。

勝負というのは、技術的にすぐれているだけでは勝てない。精神面での強さが想像する以上に大切だ。精神的に強くなければ勝てないし、ましてや勝ち続けることなどはできない。最終的には見えない部分での戦いだ。

今、対戦している相手は何を考え、仕掛けようとしているのか、自分はどういう状況にあって、勝負の流れは自分に向いているのか、相手に向いているのか。

弱気になっていると打ち込まれるが、傲慢《ごうまん》になっても打ち返される。このように目には見えない、あるいは見えにくい部分での戦いというのが、勝負の世界にはたくさんある。そこをおろそかにしていると、偶然に一度は勝てても、勝ち続けることはできない。

とくに苦手意識というのは致命的になる。この選手にはちょっと分が悪いと思い込んでしまうと思い切った技も出せなくなってくる。だから逆に相手に苦手意識をもたせればよいのだ。そのためには一度勝つだけではだめだ。二度、三度勝ち続けなければならない。そうすれば、見えない部分での精神的な戦いに有利に立てるようになる。

勝ち続ける技術
42

チャンスは確実にものにする

チャンスは、誰にでもやってくる。
生かすも殺すも、本人の裁量と努力次第である。

勝負の世界では、どんな人にも必ずチャンスが、何度かやってくる。それをうまく生かせるかどうかが、その後の自分の進むべき道に大きく影響してくる。私は運がよかったこともあるが、与えられたチャンスはどちらかといえばうまく生かせたほうだと思っている。しかし、チャンスというのは自らつくり出そうとしたり、引き寄せたりする努力をしなければ、手中にできない面もある。そのためには、チャンスがあったらどんなことでも多少無理だと感じても応じて、一生懸命行うことが大事だと思う。

県警に入った当時、大先輩だった笠村浩二先生（現・神奈川県警察名誉師範）に「付き人をやってくれ」と言われた。私のようなぺーぺーには大きなチャンスだった。スーパースター選手の付き添いだ。一年目から全日本選手権の試合を目の前で見られたし、スター選手同士の酒席にも参加できた。これによってさまざまな情報を耳にすることができた。

たとえば、あるスター選手がシジミのみそ汁とニラを食べて夏を乗り切ったと聞けば、すぐにまねをしたりした。また、技に関しても、ふだんはなかなか教えてくれない小手の打ち方の秘訣《ひけつ》を笠村先生が教えてくださったこともあった。

チャンスは徹底的に求め、それをものにする。「求めよさらば与えられん」という言葉があるが、貪欲《どんよく》に求めていけばチャンスは生まれるし、ものにできると私は実感している。

「イヤな予感」は大事にする

勝負の前に不安や違和感を感じたときはそれを吹っ切るようにする。

試合当日になって、原因がよくわからないのになぜか疲れていて体が重たいとか、どうも気持ちがすっきりしないなど「イヤな気分」を経験したケースが、これまでに何度かあった。そういう場合は、私は一試合目から一か八かの勝負をかける。吹っ切るしかないからだ。

その方法は私なりにいくつか考えているのだが、あまり深く考えず、「これができたら吹っ切れて、今日はいける」と自分に暗示をかけるのである。こうしてペースづくりを行うのだ。

そして、意外とこのように調子が悪いと考えていたときのほうが結果はよかったりする。 優勝を勝ち取ったこともある。故障やケガをしているときのほうが気持ちが引き締まってミスをせず好結果につながるのかもしれない。慎重さと思い切りのよさを両立できるのだろう。

逆に、「今日は動けて調子がいい。体のキレもよい」などと感じるときのほうが勝ち急いで返り討ちにあうことが多い。

勝負の世界は、一筋縄ではいかない。

体が瞬時に反応するまで技を高める

会心の一本は無意識に動いた体が、自分でも予測しなかった技を繰り出したときに決まる。

試合後、「あれは素晴らしい技だった」「いい技だった」と先生方や先輩に言わたことがある。しかし、そのような場合は試合そのものをあまり覚えていないことが多い。あの技があの場面でなぜ出せたのか、自分ではどう考えてもわからない。しかし、そういう経験は、今までに何度かあった。

全日本選手権で初優勝したときの決勝戦の二本目が、その一つの例だ。なぜあの決勝で強豪相手にあのような会心の面が打てたのか。

あとで思い返してみたが、頭で考えて出した技ではなく、体が先に動いて「技が出ていた」のである。

いってみれば、体が瞬間的に反応して出た技なので、相手も読みようがなかったのだ。これは稽古をしっかり積んでいないと出ない技だと思う。試合は、相手の技を読むことが大事だが、相手に読まれない技、読ませない技を出すことができれば勝てるのである。

「準備」「読み」「決断力」で勝負を制する

情報を集めて準備を整え、実戦では相手の攻めを読んで決断し、躊躇《ちゅうちょ》せず実行する。

勝負をかけるときに何が一番大事かというと、やはり「準備」と「読み」である。まずは、相手と戦う前に徹底的に準備をする。「相手がどういうタイプの選手なのか、真っ向から攻めてくるほうなのか、ガードを固めてくるほうなのか、引き技がうまいのか」など情報を集める。こういったことをある程度はつかんでおく。できれば、面を攻めたあとはもう一度面にくる可能性が高いとか、面の後は絶対に小手にくるとか細かい相手の攻撃パターンも押さえておけば、万全だ。そして、それに対応する自分の技を考え、練習しておく。

実際の試合では相手の攻めを読んで打ち込んでいく。打たれたあとで反応しても遅い。相手が打つ前に読まなければならない。だが、どんなに準備して分析してみても、相手が打ってくるまでは自分の読みが当たるかどうかはわからない。準備して、考え抜いて、可能性は高めることはできる。しかし、絶対はどこにもない。

だから、決断力がものをいう。最後は自分で決めるしかない。誰も決めてはくれない。決められない人は勝ち続けられない。失敗することがあっても、決断できる人が勝ち続けられるように思う。

第6章

勝負をかける

相手が誰であろうと徹底的に勝ちにこだわる

勝負の世界は冷徹である。あくまで勝ちにこだわる。

平成二年（一九九〇年）五月の全国警察剣道選手権大会で実の弟（史裕氏／神奈川県警）が初優勝し、私は先を越されてしまった。同じ神奈川県警の選手として大会に出場したが、私は決勝まで残れなかった。弟には最初の試合から途中の試合もずっとさまざまなアドバイスを送り、作戦を与えた。兄弟なので、純粋に弟に勝たせたい気持ちが強かったからだ。実際、同じ神奈川県警の特練に弟が入って以来、弟の面倒をかなり見た。兄である私がいたことで弟は先輩にもかわいがってもらったのではないかとも思う。その大会では私自身は決勝に行く前に負けてしまった。しかし、弟が出場する決勝に際しても、私は作戦やアドバイスを与え続け、それを素直に聞いた弟が勝ち、見事に優勝を飾った。その瞬間は大変うれしかった。

そして、表彰式になると、じわじわと現実が私に迫ってきた。何かが足りなくて私は決勝まで残れなかったわけだが、結果的に弟に負けたことになった。そして時間がたつにつれて、負けたということよりも、弟を勝たせたのは自分ではないのかという思いがしだいに強くなってきた。それまでは弟が強くなることがうれしくて声をかけていた。しかし、もう同じ土俵にいるライバルなのだ、弟を勝たせれば自分が優勝できなくなるということを痛感した出来事だった。

さらにいえば、人に勝たせてやろうなどという気を起こすと、逆に自分の勝負運は消えてしまうのではないかと思った。それを機に自分が正式に教えるという立場になるまでは弟だけでなく誰に対しても一切アドバイスはしないことに決めた。実際、私は神奈川県警剣道部特練コーチになるまで、一切人には教えなかった。まさに弟は私のライバルとなったのだ。

そう覚悟を決めたその年の十一月に、私は全日本選手権で初優勝することができた。そして翌年の警察大会では弟の連覇を阻んで優勝をした。以降、私の戦歴は申し上げてきたとおりである。

勝ち続ける技術

47

勝てない相手でも、あきらめない

どう見ても分の悪い相手との勝負でも、可能性はゼロではない。「勝負に絶対はない」

私のログセの一つに、「勝負に絶対はない」というのがある。勝負は人と人の戦いなので、いつ、どこで、どんなアクシデントが起きるか、誰にもわからない。また、どんなに強いと思われている人間でも、必ず弱点はある。突破口は必ず開ける。

何度か自分の剣道人生の節目となった試合があるが、その大きな一つに東海大相模高校二年のときの、インターハイ個人戦の出場をかけた県予選の決勝リーグでの試合がある。四つのブロックから勝ち上がった四人の選手が総当たり戦を行った。神奈川県代表でインターハイに出られる枠は優勝と二位の二人だけだ。私はベスト四の中でただ一人の二年生だった。

四人の対戦を行う中で、優勝者と四位の人間は決定して、同率の相手と私は二位決定戦を戦うこととなった。

相手は優勝候補にあげられるほど強い選手だったため、「どうせ手も足も出ない。ならば、得意とする面で勝負しよう」と自分に言い聞かせた。そして、比較的早い段階に攻め入り思い切り面に飛び込んだ。すると相手は待っていたかのように絶妙のタイミングで私の出鼻の小手を狙《ねら》ってきた。

見事な技だったので、瞬間的に「これは打たれる」「負ける」と覚悟した。

しかしである。そのときに、タイミングがずれたのか、相手はバランスを崩し竹刀《しない》は大きく空を切った。そこに私の面が見事に決まり、私のインターハイ出場が決まった。

本当に勝負は何が起こるかわからない。今でも忘れられない試合である。

勝ち続ける技術
48

最後の一番まで「運の量」を残しておく

運の「量」にも限りがある。
ここ一番、というときに限定して使う。

運がつくとか、運が向いてきたとか、あるいはツキが回ってきたとかいう言葉を、われわれはふだんでもよく使う。勝負の世界でも、運というか、見えない何かの影響が明らかにあることがある。

私は、ふだんからきちんと稽古《けいこ》を積んで、人に迷惑をかけたりせずに、やることをしっかりとやるような人間でないと、運もつかないのではないかと考えている。勝利の女神が自分に微笑《ほほえ》んでくれないのだ。やるべきことをきちんとやれない人間は、大きな勝負には勝てないと思っている。

しかも私は「運は、無尽蔵にあるわけではなく、決まった量しかない。だからこそ、ここ一番で使ったほうがいい。しのげるところは自力でしのげ」といつも自分に言い聞かせてきた。人が聞いたらヘンに聞こえるかもしれない。しかし、これも勝負に対する執念から出てきた考えなのだ。

「この勝負は落とせない、負けるわけにはいかない。だから、やるべきことはすべてやった、あとは天に任せる」というような最後のところでしか、運には頼らない。そこに至るまでは絶対勝ちにいくのだと覚悟を決め、可能な限りの練習、研究、工夫を繰り返すのである。

勝ち続ける技術
49

ゲンを担いで迷わない

ゲンを担ぐのは、成功したときと同じことをして、同じ結果を出すため。

大会の試合前はとくに変わったことはせずに、自分のスタイルを守って準備をすることにしている。

試合前の稽古はいつもより軽くする。そして、その調整の目安にしているのが階段の駆け上がりだ。稽古が始まるときに、道場がある県警武道館の一階からロッカー室のある二階まで、一気に駆け上がる。それで脚のふくらはぎ部分がジーンときたら、疲れている証拠なのでその日の稽古は軽めに調整する。このように自分なりの試合前の準備の目安を設けて調整を行っている。

同時にいわゆるゲン担ぎもする。全日本選手権大会に初出場で初優勝してからは、家内にお願いして、前日の夕食のメニューを同じにしてもらっていた。材料を買ってくる店も、ずっと同じだ。会場の東京・日本武道館へも、車ではなく、初出場から十二年間、毎年電車を利用した。本当は車で行きたかったのだが、初出場のとき電車で行って優勝したのでそれを続けた。勝負師なら多少なりとも、このようなゲンは担ぐだろう。

調整でも準備でも何でも、自分がやれること、勝つための自分なりのスタイルとパターンをそのまま生かすことで再び同じ結果を出す。そこまでやれば勝っても負けても悔いはない。最後は自分でも納得できる。

覚悟と厳しさを身につける

人は強い集団に加われば、強くなれる可能性はある。しかし、その保証はどこにもない。

私が剣道でやっていけるかもしれないと思えるようになったのは、神奈川県警の特練という高レベルの組織集団に入ってからだ。そこで私は徹底的に勝つための技を磨き、負けない粘り強さを身につけたと思う。

神奈川県警の特練という組織のメンバーは二十人ほどで、全員が一年ごとの契約の剣道のプロだ。剣道をするのが仕事である。だから、試合のレギュラー・メンバーに入れなくて年齢だけを重ねたり、将来的に見込みがないと判断された選手は、真っ先に戦力外通告を受けることになる。つまり、仕事の一環として、剣道ができなくなり競技者としての生活が、そこで終わってしまうのだ。しかも一度、戦力外通告となったらふたたび特練の選手に戻ることは、まずありえない。レギュラー選手七人と補欠が二人なので、登録されるのは九人。メンバー約二十人の全体の約半分が登録選手になるわけだ。しかし、新人がレギュラーになれる実際のチャンスは二人分ぐらいしかない。つねに安定して活躍している選手が優先されるので、レギュラーの七人はだいたい決まってしまい、残った二人分の枠を毎年新しい選手が競り合うというわけだ。

そのような中で、いつ自分が戦力外通告をされるか、誰にもわからない。その厳しさがまた、選手を鍛えるのである。

「ひらめき」にかける

一筋の光のような「ひらめき」が勝利に導いてくれることがある。

勝ち続けるために必要なこと、それは「どうしても勝つ」という意識と努力だと思う。つまり、勝ちたいと考えて、徹底的に練習を重ね、自分を磨き、試合前の準備段階で対戦相手の対策も練り上げる。だからこそ負けが減って勝率も上がってくる。

また、「本当に調子がいいときの試合では勝った技さえ覚えていない」と書いたが、結局これはもうそれ以上できないというところまで、練り上げていたからこその状態なのではないだろうか。必死にあれこれ考えた末に達する一種開き直りに近い境地ではないかと思う。

ある大会で、大変調子がいいとき、一筋の光のようなものが、私の打ちを導いてくれることがあった。その光に従っていれば有効打突《だとつ》になるのだ。光として感じたがこれは「ひらめき」という言葉で置き換えられるかもしれない。

ちょっと神がかった話ではあるが、練習、準備、体調すべてがピークを迎えていたときだからこそできた体験なのであろう。

勝ち続ける技術

52

スランプが来れば一流選手の仲間入り

スランプは、一流選手になった証拠であり本物なら乗り越えられる。

若いころ、私はスランプなどということはほとんど感じたことがなかった。勝てなかったり負けたりするのは単に自分の実力不足、練習不足、研究不足だと思っていたからだ。しかし、昭和六十年（一九八五年）、二十二歳のとき、私は全国警察剣道選手権大会に初出場して二位になった。それ以降、全日本選手権で初めて優勝するまでに五年かかった。一方、前述したようにその間に弟（史裕）もデビューし、平成二年（一九九〇年）の警察大会で初出場・初優勝したのだ。つまり、弟に完全に先を越されたわけである。しかし、この大きなショックが私の大きな飛躍への一大転機となった。

それまでは精神的にまいるということはあまりなかったし、弟の優勝はうれしかったのだが、このときばかりは、私も落ち込んでしまった。一週間くらいはやる気も何も起きなかった。いってみれば、これが挫折《ざせつ》らしい挫折であり最初のスランプだったのだと思う。

そして、年齢を重ねていくうちに体調はいいのに技が出ないとか、勝てないという経験をする。これもスランプなのだろう。このようになったら、すべて基本に戻ることが大切である。したがって、ふだんの生活を見直す。規則正しい生活を行うことで立て直す。生活の乱れがスランプにつながっていることも多いからだ。**私の場合は試合前の練習を抑え気味にするとか、身なりを正して心を引き締めるなどという工夫もしている。**

勝ち続ける技術

53

人の話は聞き自分のスタイルをつくり出す

人のアドバイスや話はしっかり聞き、取り入れながら自分のスタイルをつくり出す。

全日本選手権で最初に連覇したときでさえも、「正統派ではない」とか、「勝ち負けにこだわりすぎている」など、一部で批判された。優勝インタビューの取材でも、「自分はこのスタイルを守ってきたから優勝できた」などと発言したものだからよけいたたかれた覚えがある。

正統派ではないなどと言われると人の話は聞かないのではないかと思われそうだが、むしろ、自分から先生や先輩にアドバイスを受けに行くほうだ。

アドバイスを受ければ試してみる。しかし、うまくいかないこともあるし、自分に合わないこともある。それを取捨選択し自分なりのスタイルをつくり出してきたのである。勝負はルールがあって、審判が旗を上げた以上はそれが絶対だ。その旗を上げてもらうために徹底的に調査研究、そして練習をしてきたのだ。

だからといって、いつも同じスタイルでいるのがいいといっているわけではない。年齢や体力に応じて勝負スタイルも変えるべきだと思っている。たとえば若いころはただただ、鉄壁に守りを固め、速く、遠く、強く打つことを目標にしていた。今はまっすぐ、美しく、打つことにもこだわり始めている。**齢《よわい》を重ねていく中で、技もスタイルも、変わっていかなければ勝ち続けられない。**

第7章

打たれて学ぶ指導法

指揮官の采配で勝負は決まる

チームが勝つには、
まず指導者が勝ちにこだわる態度を示す。

私の息子たちも剣道をしているのだが、次男が中学一年年のときだ。県の一年生大会があった。息子の中学の監督がどうしても都合が悪く試合に行けないというので、試合前に急きょ、私が監督を代行することになった。

しかし、選手は四人しかいないという。中学生の団体戦は通常一チーム五人で争う。「もう一人いませんか」と聞いたら、「いるのだが、練習が厳しくて最近来ていない」とのこと。その夜にその子に電話し、「何とか来てほしい」と頼んだら、当日、彼はやってきた。何とか頭数はそろったものの、まともに勝負をしたのでは、戦力的にとても勝てそうもない。そこで選手の子どもたちに「お前は勝てる」と暗示をかけたり、細かい技の指示を与えたり、使える手立て、手法はすべて使っていった。そして、終わってみたら、優勝していたのである。中学一年生だけの大会だとはいえ、県大会なので、われわれのチームが優勝するとは誰も思っていなかった。それゆえに、子どもたちはもちろん、保護者も大喜びだった。だが、私は初めから、本気で優勝を狙《ねら》っていた。

試合では指揮官が勝ちにこだわり、しっかりと戦術・戦略を考えていけば、選手たちは驚くほど力を発揮し、結果も残せるものなのである。そして、選手は勝つことに喜びと楽しみが感じられればおのずと練習にも励むようになる。

強い相手にこそ胸を張って立ち向かう

相手が強くても、気持ちで負けない。自分の技が出せれば勝利に近づく。

相手が強いほど、怖さが先立って気持ちも萎縮《いしゅく》してしまい、手を出せなくなる。そういう屈辱的な経験は、勝負をする人間なら一度は味わっているはずである。選手たちを見ていても意外と気持ちが負けているだけのことも多い。

『旧約聖書』にゴリアテとダビデの話というのがある。強いと思われていて、誰も挑もうとしなかった巨人ゴリアテに羊飼いのダビデがたいした武器も持たずに挑戦した。すると、意外と簡単に勝ってしまい、ダビデのイスラエル軍が大勝利を収めたという話だ。勝負はやってみないとわからないし、準備をしっかりすればどんな相手でも攻略することはできるのだ。

私はどんなに強い相手と対戦する場合でも、さまざまな情報を集めて相手の実力がどれほどのものなのか、それをまず知り、それに対して自分の実力であればどのように戦えば負けないかという分析を行っている。

研究したり、自分なりに工夫してみたりすれば何か突破口があるはずだと信じて稽古《けいこ》をしてきた。だから選手たちにも「戦ってみなければ勝負はわからない。自分の技を出さなければ、勝てるわけがない」と伝えている。

教えた技でやられるという覚悟をもつ

どんな世界でも教えられることには
限界がある。技は盗んでこそ本物になる。

剣道の特練として警察に入ってくる選手たちは日本でも屈指の選手が多い。そうなるとたいがい自分のスタイルをもっているし、得意技もある。だから聞かれれば別だが、監督だったときも私から細かい技の指導などをすることはほとんどなかった。

練習メニューをつくったり、コーチに「あの選手は最近気持ちが沈んでいないか？ 大丈夫か」とか、全体を見るようにしていた。

実際には、選手たちと稽古《けいこ》する時間もあるが、その際にはたとえば、「もう一つ、別の技を身につけるとどうか。別の技を新たにマスターすれば、今の面打ちがまた威力を増してくる」というようなアドバイスをしたりした。しかし、それを身につけるにはこうやるのだ、という指導はしない。それは自分で考え、工夫して感覚をつかんでいくべきものだ。人はそれぞれ、手の長さも足の長さも、背の高さも違う。私と同じようにやれば私と同じようにできるようになるとは限らない。

また、手取り足取り教えすぎると教えたときだけ実行するような自主性のない、ロボットのような人間になりかねない。**勝負は孤独だ。試合のときには頼れるのは自分だけ。誰も助けてくれない。自分で考え乗り越えなければ意味がないのだ。**

そもそも手品で種明かしをしたら、もうその手品はお客さんの前ではできなくなる。自分が努力して身につけた技を安易に人に教えれば、その技で自分がやられるのだ。元来、技は師匠から、そしてライバルから盗むものなのだ。

だから、教えるという立場でなくなったときには自分からは一切教えるつもりはない。勝負事というのは、そういうものだ。

勝ち続ける技術

57

実績だけでなくよさを見極める

選手を伸ばす指導をするには過去の実績だけでなく、そのよさをしっかり把握する。

「新人のスカウト」も私は行っている。高校生や大学生から欲しい人材を探すわけだが、その際に他のスカウトの担当者と一緒に話をすることがある。そして「このような選手がとれた」などという話になる。

そのときになぜその選手をとったのかと質問すると「インターハイで一位だったから」などという答えが返ってくることが多い。

もちろん実績は大事だ。しかし、実績だけでとっているようではいけないと私は考えている。「粘り強い」「打ちが速い」「さまざまな技をもっている」などその選手のよさを見極めていないと、とったあとに伸ばすことができないからだ。

ちなみに私は打ちが速い（バネのある）選手に魅力を感じる。技を決めるのが今ひとつの選手でも振りの速さが抜群であればぜひとりたいと思う。

野球でいえば剛速球のピッチャーというところだろうか。

他の技術は鍛えれば、身につけられるが、速さ（バネ）は天性のものであったり幼少期に身につけないと後になって習得するのは難しいと考えるからだ。スピードがある選手を倒す指導は可能だが、スピードを身につけさせるのは容易ではない。

勝ち続ける技術

58

反則は絶対に行ってはいけない

どんな状態であっても反則は自分で自分の首を絞めるようなものである。

他のスポーツと同様、剣道でも「反則」と、それに対する「罰則」があって、一試合で二回反則すると、一本としてカウントされる。

たとえば、自分では逃げ回っているつもりはなくても、審判から勝負に消極的だと見られたら、その時点で反則を取られる。あるいは九〜一一メートル四方の試合場のラインから体の一部が出れば場外反則になるし、何かの拍子で竹刀《しない》を落としたら反則となる。

私も全日本選手権で一回だけ、反則を犯したことがある。鍔《つば》ぜり合いの攻防の中で竹刀を落としてしまったのだ。もう一回反則したらアウトだ。しかも試合は延長戦にもつれ込んだため、絶体絶命の中で戦う経験をした。この場合はアクシデント的な反則だが、消極的だと見られた反則などでは審判にマイナスの印象を与えかねない。**反則は、犯した本人の完全なミスである。防ごうと思えば防げるはずのものであり、防げなかったのは、本人が気を抜いてしまったか、勝負に対する集中力がまったく欠けていたからだ。**

剣道には「剣の理法の修錬による人間形成の道である」という理念がある。それゆえに罰則を適用されるような反則を行うことはその大きな理念に反することになる。言い換えれば、反則をしないのがよい剣道の一つの目安となる。選手たちにも「反則は自分のミス、行ってはダメだ」とつねに言い続けている。

勝ち続ける技術

59

郷に入れば郷に従う

環境が変わっても勝つためには情報を集め、研究し、己を変化させる。

世界剣道選手権は三年に一度開かれるのだが、海外で開催されることが多く、審判の先生方も世界中から集まるので日本の大会とは勝手が違うことが多い。その環境の変化に慣れないために実力を出し切れない日本人選手も少なくない。実際私も思ったような成績を収められなかった経験をしている。

しかし、勝つためにはそのような環境の変化も乗り越えなければならない。何度か経験するうちに「世界大会でも勝てるように研究することが必要だ」と考えるようになった。

要するに、世界大会には「世界のルール」ともいうべきものがある。そのことを知って認めていかなければ、世界では勝てないということだ。それを認知していなかった、できなかったのは自分のミスだったわけだ。以後は同じようなミスは絶対にしないと決めた。

平成二十四年（二〇一二年）のイタリア大会と平成二十七年の日本大会は女子の監督を務めた。その際には選手には、世界で勝つには「世界のルール」があることを、いつも言い聞かせて試合に臨んだ。そのかいあってか、個人団体ともに優勝を成し遂げることができた。

勝ち続ける技術

60

皆勤賞をめざす

「心・技・体」のバランスは大切。
なかでも「体力」こそが、勝負師の要《かなめ》。

勝負に勝ち続けるには、さまざまな試合に出場し続けられる体力があって、選手生命をできるだけ長く保つことが、まず何よりも必要となる。出場機会が多いほど成績も残せる。大きな病気やケガをしないことも勝ち続けるためには必要なのだ。

振り返ってみるとここまでやってこられた自分の体をつくったのは高校の三年間にあったのではないかと思う。練習を含め、それまでの中で一番きつい時代であった。それでも、大きな病気やケガもせずに乗り越えられたから、今の自分がある。

自宅から高校まで、電車を五回乗り換えて片道二時間ほどかかったし、放課後に三時間以上の厳しい稽古をこなして、夜遅くに帰宅するような毎日だった。

「稽古を一日休むとコンディションを取り戻すのに三日はかかる」とか、「人が休んだら他の選手が喜ぶ」とよく言われていたので「負けたくない」という執念から、風邪ぐらいでは休みはしなかった。

強くなるためには稽古が必要だというが、その練習に耐える体力がなければ継続することはできない。難しい技の反復練習などもできるはずがない。体力と精神は表裏一体のものだ。

そのような厳しい中で、高校三年間皆勤することができた。

勝ち続ける技術

61

個性を引き出しミスをなくす

指導者に必要なのは「よさを見抜き引き出す力」と「ミスを少なくさせる力」である。

「よさを伸ばす」というのが、私の指導の方針である。私自身、スカウトも行っているので、「この選手はここが素晴らしい」と惚《ほ》れ込んで獲得していることも多い。だから、自然と悪い点の修正より先に、いいところを最大限に引き出すようになる。**しかも、意外と人間は悪いところは自覚しているのだが自分のいいところに気づいていない。だからこそ指導者はよさを指摘することが大切だと思う。**

もう一つ私が指導上で力を注ぐのはミスをなくすようにすることだ。「いつもこういうケースで、こんな攻め方をして負けているが、どうしてなのか考えたことがあるか」などと聞いて、ちょっとしたヒントを与えたりする。

そして、たとえば「打ち方の精度を高めていくにはどうすればいい」と聞いてみる。『踏み込みが浅い』とか、『手を伸ばすのが遅い』とか、必ず原因があるので、そういうことを一つずつ考えろ」と指示を出す。

「どんなに名選手でも同じ人間。勝負事といっても人と人がやるわけだから、大きな差はない」と私は思っている。ただ、勝負に対する考えが浅いと油断したり、ミスをしたりして自滅し、追い抜かれていくのがこの世界。だから「自分のいいところを伸ばし、ミスをなくすことで生き残れ」と選手たちにはきつく言い聞かせる。

勝ち続ける技術
62

自力で乗り越えさせる

強い選手を育てるにはどのタイミングで、
どう助言をするかの判断力が重要。

手取り足取り教えるというよりも「自分で考えて研究し、問題があれば相談しろ」というのが基本的な私の姿勢である。新しい技なども、選手が相談してきたら「このようにしたらもっとうまくできるのでは」とか「その技ではなく、このような技はどうか」などとアドバイスをするが、「おまえはこの技をこうしろ」というような指導はしない。

指導者という立場から選手たちに求めるのは「稽古という限られた時間の中で貪欲《どんよく》に考え、考えたことをどんどん実践する」ということだ。たとえば、私が、「この技で、こういう攻め方をしたらどうか」と言ったらしっかり聞きながらも、そのアドバイスをさらに自分流に加工し仕上げていくことが大事なのだ。何も指導者が言ったことだけにこだわる必要はない。自分で工夫して初めて自分のものとなる。私の言うことをそのままやることは誰にでもできる。しかし、そこに何か、自分流のものを一つでも加えると何倍もの力がつくと思う。ヒントは与えるが、そこから先は自分で考え、実際に経験を積みながらやっていくように指導している。

いろいろと悩んでいるときは、安易に手を貸すよりは、その悩みや迷いを自力で乗り越えて強くなるようにじっと見守っていたほうがいい。本物の力は、実際に失敗や成功を繰り返し体験しないと身につかないからである。

勝ち続ける技術

63

勝ち残るのはただ一人だけ

スタートは全員横並びだが、代表の座を射止めて優勝を成し遂げられるのは一人だけだ。

神奈川県警の特練には、高校卒業で入ってくる人間と大学を卒業してから入ってくる人間がいる。

基本的には高校生は将来性を買って採用し、大学生は即戦力として採用する。

とはいっても二十人ほど実績のある、何らかのよさをもっている部員がいるのだからそれをどのように指導し、一人でも多くの強い選手に育てていくかは、指導者としての監督の仕事だ。

ともかくスタートは全員に声をかけ、すべて公平にやることにしている。

警察大会の個人戦は、前年度この大会か全日本選手権でベスト十六に入っていれば出場権を確保できるが、そうでなければ出場できる人数は決まっている。だから、試合前は全部員二十人が総当たり戦を行って、勝ち上がった人間が代表選手になるシステムだ。全員にチャンスを与え、お互いに切磋琢磨《せっさたくま》してもらうわけである。

全日本選手権は出場に際して段位制限はなく二十歳以上であればほぼ誰もがオープンで参加できる。選手全員に公平にチャンスが与えられているのだ。神奈川県予選では上位二名が全日本に出場できるのだが、ほとんどの場合上位は県警の特練選手で占められることとなる。

団体戦のレギュラーメンバーを選ぶというのはなかなか大変なことだ。何しろ、レギュラーは、半分以下の九人だけなのだから。**その際、経験はある程度考えに入れながら選ぶが、それまでの実績だけで選ぼうとは、まったく思っていない。「そのときに光っているかどうか」だ。**

練習では「負けてもいいからやってみろ!」

練習試合では選手に挑戦をさせ失敗しても、本試合では結果を出させる。

練習試合などで、負けるかもしれないが、こういうふうにやってみろと、選手たちに言うことがよくある。彼らに、勝てるスタイルをもう一つ身につけてもらうためである。ミーティングでも、負けるのは悔しいかもしれないが、もう一段上をめざそうとしたらこの新しい試みを行ってみてほしいと説明する。

私の経験ではそのとおりにやった選手は、たとえ多少手間取ってもほぼ七割以上は勝つ。たとえ負けたとしても一度失敗したからといって試合から降ろしたりはしない。むしろ負けることを恐れて、挑戦をしない選手には厳しく言う場合もある。

挑戦して負けた選手には、「今度はうまくいくから」ともう一度チャンスを与える。「そのときは負けても、いずれその技をものにしたときは勝てるようになる、必ず元が取れるようになる」と教えていくのである。

それができないと伸びていかない。信じて挑戦してくれれば、指導者としては、負けても最後まで起用する覚悟ができる。選手を伸ばしていくには、やはりさまざまな機会をとらえて新しい挑戦をさせることだ。

練習の目的や意図ははっきり伝える

どんな練習をするにしても、
目的や目標をしっかり理解して行う。

平成二十四年（二〇一二年）の世界選手権・イタリア大会で、初めて全日本女子チームの監督を務めたが、とても勉強になった。一つは、女子選手は全般的に負けん気が強く、とても我慢強いことだ。少々のことでは音を上げない。だから、稽古でも、どこまでが限界なのか、なかなかつかみにくい。「これ以上はもうダメだ」とか、「無理だ」とは言わないのだ。だから、女子はあまり追い込みすぎてはいけない。

もう一つは、女子は男子よりも思っていること、疑問に感じたりしたことを、口に出すことが多い。「なぜ」「どうして」など、聞き返してくることがある。これは悪いことではない。むしろ好ましいことではないかと思う。だから、きちんと理由を伝えられるようにしておかねばならない。しかし、男子の場合はあまり質問などもしてこないので、つい私の独断になりかねない。間違った方向に突っ走りかねないのだ。

これは大変勉強になった。**指導するときに彼女たちに、何のためにその練習をやっているのか説明するようになったからだ。逆に彼女たちにもこちらは責任をもって教えるので、「今行っている練習の目的や理由をちゃんと考えながら行うことが大切だ」と言っている。そうすれば練習も無駄なく効率的に行えるようになる。**このことは、その後の私の指導法においても自分の練習にとっても大きな糧《かて》となった。

練習メニューはつねに見直す

練習は長い時間をかければ、いいというものではない。効果と効率を追い求めなければならない。

剣道の練習メニューというのは、どこのチームもそれほど大きな違いはないように思う。だが、強い相手に勝つには、練習内容をあらためてチェックしてみる必要がある。いかに効率よく、実のある内容の練習ができるか、そのことを考えながらレベルアップを図っていかなければならない。

世界選手権の女子チーム監督に招かれて指導にあたったとき、彼女たちに言ったことは二つだけである。

一つ目。もともと彼女らは所属が違い、各自にそれぞれの監督や師範がいる。だからそれぞれの剣風やスタイルがある。そこで教えられた形（フォーム）などを変える必要は毛頭ない。**「大筋は変えず自分のいいところ、今の力を一〇〇パーセント出しなさい」と伝えた。**

そして二つ目。「どんなミスもするな」ということだ。

私も経験したことだが、世界大会では判定も含め何が起こるかわからない。日本の感覚で試合をしていると予想もつかなかったことになる。そのため、大会で起こりうるあらゆる場面を想定し、あらゆる不測の事態にも平常心で対応できるように練習メニューを考え、工夫し続けた。そして、限られた時間を目いっぱい使って練習を行った。

「最大の敵は自分」であることを知る

偶然の一勝ではなく、
連戦連勝のためには己に勝たねばならない。

「負けてもいいからこの技を使ってみろ」と練習試合で指導することがあると言ったが、このように指示する選手は伸びる可能性を秘めている場合が多い。レギュラーとして試合に起用してみようと思っている選手であったりする。

だが、言われた本人は、負けたら使ってもらえなくなる、ただひたすら負けたくないと怖がって新しい技が出せず、自分の殻から抜け出せない場合も多い。自分の可能性に挑戦しようとしていないのだ。飛躍する機会を逸している。

これは技術的な問題ではなく精神面の問題である。

恐れを抱いている自分を乗り越えられないのだ。つまりは「自分という敵に負けてしまっている」のである。

このような選手は伸び悩むことが多い気がする。

練習中も、試合中もすべて、最後の戦いは相手ではなく自分である。

相手のエースを攻略するのが大切

「敵に勝つには大将の首をとれ」というのは現代剣道にも通じる勝負の原則である。

団体戦で戦力を比較したときに、どう見ても勝てそうにないチームが勝つにはどうしたらいいか？　勝てる秘策はあるのか。

実は、私がつねづね考えているのは、相手チームのエース（ポイント・ゲッター）を押さえることである。「エースをつぶせ」と私はいつも言っている。

経験的にいって、チームのエースが勝てないと、そのチームの負ける確率はかなり高くなる。

だから、わが選手たちには「相手チームのエースには勝たなくてもいいから負けるな」とつねに言っている。それが、戦国時代から続く、団体戦を勝ち抜くための基本セオリーだと思う。

その相手のエースに、こちらの選手の誰をあてるか。もちろんこちらのエースをあてるのが通常のやり方だ。しかし、たとえば、まだ入りたての若い選手をあててみることもある。もし、その選手が粘りに粘って引き分けに持ち込めたら、作戦は大成功である。相手側はエースで勝ちを取れなかったにもかかわらず、こちら側には有力選手が温存してあることになるのだ。

相手側のダメージは大きい。あとはこちらの強い選手が、相手の残った選手を倒して勝ち進んでいけばいい。

相手のどの選手にこちらの誰をぶつければ勝算が高まるか、相手のオーダーを読むのは、指揮官の手腕であり、采配《さいはい》が問われるところだ。**何よりも相手の選手、自分の選手とともに得意技やクセを、しっかりとつかんでおく。そのことによって、対戦相手への読みも可能になる。指揮官は選手以上に情報を収集し、勉強する必要があるのだ。**

勝ち続ける技術
69

来るものは拒まず、徹底的に面倒を見る

獲得した選手たちはできるだけ伸ばせるように最大限の努力をする。

神奈川県警には女子の剣道部員は長きにわたり不在だったのだが、平成二十七年（二〇一五年）の四月に松本弥月という女子部員が久しぶりに誕生した。

私は平成二十三年から世界大会に向けた全日本女子の監督を務めさせていただいているのだが、そのおかげで当時高校生であった松本選手を指導する機会に恵まれた。初めて彼女の剣道を見て「これが本当に高校生の剣道か」とおどろくほどの素質を感じ、将来の日本をしょって立つ大選手になると確信したことを記憶している。

彼女は大学生となった平成二十四年には日本代表のメンバーに選ばれ、団体優勝に貢献することになる。

そして、学生剣道界ナンバーワン選手でもあるため引く手あまただった中、卒業と同時になんと神奈川県警の門をたたいてきた。女子不在の先の見えない中でである。

彼女は男性ばかりの部員の激しい稽古にもめげることなく実力を伸ばし、平成二十七年五月日本で開催された世界大会では個人、団体ともに優勝を収め、さらに同年九月に行われた全日本女子剣道選手権大会でも初優勝することになった。

私を含め周囲の期待をはるかに上回る早さで結果を出してくれた。

私の直感が現実になったといえるわけでうれしさはもちろんだが、それ以上にほっとしたというのが正直なところである。

平成二十八年には松本選手の後輩である高橋萌子が神奈川県警剣道部に入ることになり女子部員も二名となった。

二人とも高校・大学時代に個人戦で日本一になっている逸材だ。それだけにこれからもよりいっそう活躍してもらえるように、誠心誠意力を入れて指導していきたい。

世界大会の女子監督をさせていただいたからこそこのような出会いがあったわけであり、とても感謝している。

勝ち続ける技術

70

勝利インタビューをイメージする

成功している自分をイメージするのも成功の第一歩。

かなりの実力があって、大きな大会で上位に勝ち進みながら、決勝戦となると勝てない選手がいた。喉《のど》から手が出るほど欲しい優勝に、いつもあと一歩、足りないのである。

そういう彼からあるとき、飲みながら相談を受けたことがある。「どうすれば決勝で勝って優勝ができるのか」というのだ。彼の実力は折り紙つきで優勝する実力は十分だった。「きみとは何度か対戦して力があることはよく知っているし、優勝する資格も十分あると思っている」と言いながら、次のようなアドバイスをした。

「まず、自分は相手に必ず勝てると言い聞かせ、勝って優勝インタビューをしているときのことをイメージしておくといい。そしてインタビューの内容を前もって具体的に考えておく。たとえば、『今の気持ちはどうか』とか、『どんな気構えで試合に臨んだか』『なぜ勝てたか』『この優勝を誰に最初に知らせたいか』などだ。その答えを事前に用意しておくのだ」と。

彼の場合、ポイントは技術的なことよりも、精神的な面だと思った。優勝を意識するあまり、「勝つ」のではなく「負けるのでは」とネガティブな考えに陥っていたのだ。だから、「勝つ」ために、優勝したときのイメージを先取りしてもつようアドバイスした。すると、その年彼は見事に優勝杯を手にし、堂々と勝利インタビューを行っていた。

あとがき

剣道で「勝ち続けるため」の最大のポイントは何ですかと聞かれたら。「『準備』と『読み』だ」と私は答えると思う。

私はいまだに試合や遠征の前は前夜に荷物を全部用意し、枕元《まくらもと》に置いて朝着ていく服を準備してから眠る。竹刀《しない》や防具などの剣道具も手入れを欠かさない。

子どもたちを指導していると稽古《けいこ》が終わると竹刀を投げたり道具を大切にしていない様子を見かけたりするが、そのような子どもたちはまだまだ剣道は上達しないのではないかと思ってしまう。

私は徹底的に「準備」を行う。試合の前には徹底的に試合相手の情報を集める。高校時代から情報をノートに書き込み研究や分析を行っていた。

高校時代の毎日三時間以上の稽古は正直、かなりきついものだった。だが、強い先輩たちと稽古をしているうちに、取れなかった一本が翌日には取れたり、一日ごとに進歩している感触が得られるようになっていた。

格別強いわけでもないのに、いや、強くないからこそ、どうしたら勝てるのかということに非常にこだわった。負けた原因をあれこれ考えて、次に勝つためには何を、どうすればいいか、その作戦を立てていた。それは、負けたくないとの思いが、徐々に染みついてきたからだ。徹底的に情報を集め、分析し相手の出方を「読む」ことで勝ちにつなげていく。もちろん「読み」は外れることも当たることもある。だからこそ、そこに勝負のおもしろさもあるのだと思う。

もう一つ付け加えるなら最後のポイントは場数を踏むこと――経験だ。私も県警で試合経験を積み重ねることで、実戦での戦い方なり勝ち方なりが、本当にわかっていったのだと思う。そしてその場その場で相手にも自分にもまじめに懸命に向かい合うこと。練習の一振り一振り、試合の一打ち一打ちに心を込めるということだと思う。

最後になるが、ここまで途中でやめることなく、経験を積んでこられたのは小学生のときに竹刀を持たせてくださった玄武館の故・坂上博一先生、現館長の坂上節明先生、山田尚先生によるところが大きい。ここでお礼を申しあげたい。

また、東海大学相模高校で厳しくも愛情をもってご指導くださった、山崎士先生、木田誠一先生にも感謝を申し上げたい。

そして、「推薦のことば」を書いてくださり、現在もご指導くださる松永政美先生をはじめいつも温かく見守ってくださる全日本剣道連盟の先生方、スタッフのみな様にもこの場をお借りしてお礼を申し上げ、結びの言葉とさせていただきたい。

宮崎正裕

【著者プロフィール】
宮崎正裕（みやざき　まさひろ）
神奈川県警察剣道首席師範、剣道教士八段。1963年神奈川県生まれ。東海大学相模高校を卒業後、神奈川県警察に奉職。全日本剣道選手権で2回の連覇を含む前人未到の6回の優勝を成し遂げる。2011年から全日本女子の監督を務める。その戦績から「平成の剣豪」「努力の天才剣士」などと称される。

勝ち続ける技術

2017年2月15日　初版発行
2022年9月20日　第3刷発行

著　　者　宮崎正裕
発 行 人　植木宣隆
発 行 所　株式会社サンマーク出版
〒169-0075 東京都新宿区高田馬場2-16-11
電話　03(5272)3166
印　　刷　図書印刷株式会社
製　　本　株式会社若林製本工場

ISBN978-4-7631-3291-8　C0030
ホームページ　http://www.sunmark.co.jp